الأنا ـ عدوك الأكثر تكلفة

الأنا ـ عدوك الأكثر تكلفة

إندراجيت ناياك

الهند
2023

محتويات

الفصل الأول: مقدمة مؤلمة

الفصل الثاني: المقدمة

الفصل الثالث: الطموح

الفصل الرابع: الحديث الحديث الحديث

الفصل الخامس: هل يجب أن نكون أم نفعل؟

الفصل السادس: أن تصبح طالبًا

الفصل السابع: لا تتحمس

الفصل الثامن: اتبع استراتيجية كانفاس سترات

الفصل التاسع: ضبط النفس

الفصل العاشر: اخرج من رأسك

الفصل 11: الكبرياء المبكر

الفصل الثاني عشر: العمل، العمل، العمل

الفصل 13: الأنا هي عدوتنا، عندما يتعلق الأمر بالنجاح المستقبلي...

الفصل 14: النجاح اليوم باتباع هذه الإرشادات.

الفصل 15: كن متعلمًا دائمًا

الفصل 16: لا تحكي لنفسك حكاية!

الفصل 17: ما هي أولوياتك؟

الفصل الثامن عشر: الاستحقاق والسيطرة والبارانويا

الفصل التاسع عشر: إدارة نفسك

الفصل 20: كن حذرا مني

الفصل 21: التأمل في الضخامة

الفصل 22: حافظ على رصانتك

الفصل 23: الأنا في كثير من الأحيان هو العدو في الحياة...

الفصل 24: الفشل

الفصل 25: عش أو مت!

الفصل 26: تركيز الرجل النشط هو على فعل الصواب

الفصل 27: لحظات نادي القتال

الفصل 28: رسم الخط

الفصل 29: حافظ على بطاقة الأداء الخاصة بك

الفصل 30: الحب دائمًا

الفصل 31: الأنا هي عدوتنا

الفصل 32: الخاتمة

الفصل 26: تركيز الرجل النشط هو على فعل الصواب

الفصل 27: لحظات نادي القتال

الفصل 28: رسم الخط

الفصل 29: حافظ على بطاقة الأداء الخاصة بك

الفصل الأول: مقدمة مؤلمة

هذا الكتاب ليس عني. ومع ذلك، بما أن هذا كتاب عن الأنا، فلا بد لي من تناول مسألة لا بد أنها خطرت ببالي في مرحلة ما من حياتي.

من أنا لأكتبها؟

قد لا تكون قصتي ذات أهمية حيوية للدروس التالية، ولكنني أريد تقديم بعض المعلومات الأساسية. على مدار حياتي القصيرة، اختبرت نطاقًا كاملاً من المشاعر الإنسانية: الطموح والنجاح والفشل، كل ذلك في تتابع سريع.

في التاسعة عشرة من عمري، شعرت بوجود فرص مذهلة وغيرت حياتي، فقررت ترك الكلية. تنافس المرشدون على جذب انتباهي وإعدادي لأكون تحت حمايتهم؛ نظرًا لكوني شخصًا ملتزمًا بالأشياء العظيمة، فقد جاء النجاح سريعًا: باعتباري أصغر مسؤول تنفيذي في وكالة إدارة المواهب في بيفرلي هيلز، ساعدت في التوقيع والعمل مع العديد من فرق الروك الكبرى قبل أن أنتقل إلى تقديم المشورة للعديد من الكتب التي باعت الملايين وأنشأت أنواعًا أدبية خاصة بها.

عندما كنت في الحادية والعشرين من عمري، بدأت العمل كخبير استراتيجي لشركة ‹American Apparel، إحدى أشهر ماركات الأزياء في العالم. ولم يمض وقت طويل حتى أصبحت مديرًا للتسويق.

عندما كنت في الخامسة والعشرين من عمري، قمت بنشر كتابي الأول ـ وهو من أكثر الكتب مبيعًا على الفور ومثير للجدل حيث ظهر وجهي بشكل بارز على غلافه ـ والذي سرعان ما أصبح من أكثر الكتب مبيعًا بشكل فوري ومثير للجدل. بعد فترة وجيزة اختار الاستوديو حقوق عرض تلفزيوني عن حياتي؛ وبمرور الوقت، اكتسبت العديد من مظاهر النجاح: التأثير، والمنصة، والتغطية الصحفية، والموارد، والمال، وحتى بعض السمعة السيئة. لاحقًا، ساعدتني هذه الأصول في إنشاء شركة مربحة، والعمل مع عملاء ذوي رواتب عالية أثناء القيام بعمل أكسبني دعوات للتحدث في المؤتمرات أو المناسبات الفاخرة.

غالبًا ما يجلب النجاح معه رغبة حتمية في تجميل السرد؛ لتزيين وإضافة طبقات أسطورية. يمكن أن تلعب هنا قصة ملتوية عن كفاح شاق ضد كل الصعاب: النوم على الأرض، التبرأ من والدي، المعاناة بسبب طموحي، وما إلى ذلك.
كجزء من سرد القصص، غالبًا ما يبتكر الرياضيون قصصًا تصبح فيها مواهبهم حجر الزاوية في هويتهم ويتم الاحتفاء بإنجازاتهم باعتبارها دلالات على القيمة.

لكن هذا النوع من القصص ليس صادقًا أو مفيدًا أبدًا؛ عندما أخبرتكم بها في وقت سابق اليوم، تركت العديد من الأجزاء بسهولة ـ مثل الضغوط والإغراءات؛ قطرات تقلب المعدة. تم ترك الأخطاء ـ كل الأخطاء ـ خارج غرفة القطع للتركيز على إنشاء بكرة التمييز بدلاً من ذلك. هذه هي الأوقات التي أفضّل عدم التحدث عنها: عندما قام شخص ما كنت أتطلع إليه بتوبيخي علنًا وتسبب في ألم شديد لدرجة أنني احتاجت لاحقًا إلى العلاج في غرفة الطوارئ. "عندما انقطعت أعصابي وقررت أنني لا أستطيع الاستمرار في العمل كمحرر في شركة مديري، وأخبرته أنني لا أستطيع التحمل وأنني سأعود إلى المدرسة ـ وكنت أقصد ذلك ـ كانت ذلك من بين العديد من الأحداث التي لا تُنسى في ذلك العام "وهناك حالات أخرى تشمل فترة قصيرة من الكتب الأكثر

مبيعًا لمدة سبعة أيام فقط (خمسة في الواقع). حضر شخص واحد حفل توقيع كتابي حيث تمزق الكتاب الذي أسسته نفسه ليتم إعادة بنائه مرة أخرى بعد ذلك (مرتين). غالبًا ما تمر هذه اللحظات غير مرئي عند مراجعة التجميع المحرر.

تظل هذه الصورة الكاملة مجرد لقطة سريعة، ولكنها على الأقل تلتقط المزيد مما هو مهم ـ على الأقل من منظور هذا الكتاب: الطموح والإنجاز والشدائد.

أنا لا أؤمن بالغطاسات. لا توجد لحظة واحدة يمكنها أن تغير شخصًا واحدًا؛ بدلا من ذلك هناك لحظات متعددة. ومع ذلك، خلال عام 2014، بدا أن هذه الرؤى استمرت في الحدوث واحدة تلو الأخرى.

حيث قمت بالكثير من أفضل أعمالي ـ تتأرجح على حافة American Apparel - أولاً، كانت شركة الإفلاس مع ديون بمئات الملايين واضطرت إلى النوم على أرائك الأصدقاء بسبب طردها من قبل مجلس إدارتها دون سابق إنذار. . بعد ذلك جاءت وكالة المواهب الخاصة بي حيث جعلت عظامي تتم مقاضاتها بلا هوادة من قبل العملاء الذين تدين لهم بالمال، ثم انهار معلم آخر لي فجأة تاركًا علاقتنا تتفكك في أعقابها.

هؤلاء هم الأشخاص الذين بنيت حياتي حولهم؛ أولئك الذين كنت أتطلع إليهم وتدربت معهم. كان استقرارهم ـ ماليًا وعاطفيًا ونفسيًا ـ أمرًا أساسيًا لوجودي وإحساسي بذاتي. ومع ذلك، كانوا جميعًا ينهارون أمام عيني واحدًا تلو الآخر.

بمجرد أن أدرك أن الأمر لم يكن كما تصوروه، بدأت الأمور في الانهيار بسرعة. إن الانتقال من الرغبة في أن تكون مثل شخص ما طوال حياتك إلى إدراك أنه لا يشاركك نفس الأهداف يمكن أن يكون أمرًا متناقضًا للغاية ـ وهو أمر لا يمكن لأي استعداد إعداد أي شخص له على الإطلاق حتى أنا لم أكن في مأمن من هذا الانحلال. عندما بدا الأمر غير محتمل، بدأت المشاكل التي أهملتها تظهر على السطح في حياتي.

على الرغم من أن نجاحاتي كانت عظيمة، إلا أنني وجدت نفسي مرة أخرى في مسقط رأسي متوترًا ومرهقًا، بعد أن تخليت عن الكثير من حريتي التي اكتسبتها بشق الأنفس بسبب المال وحالات الأزمات. لقد أرسلني أي اضطراب إلى حالة من الغضب الذي لا يطاق، مما جعل العمل الذي كان ممتعًا في السابق شاقًا؛ تحطمت ثقتي بنفسي وبالآخرين. كما فعلت نوعية حياتي.

بعد قضاء أسابيع في السفر وعدم التواجد في المنزل كثيرًا، عندما عدت أخيرًا إلى منزلي بعد يوم واحد بعد الخاصة بي لم تكن تعمل ـ "إذا Wi-Fi أسابيع من السفر على الطريق، تعرضت لنوبة ذعر شديدة لأن شبكة لم تصل رسائل البريد الإلكتروني هذه. . ثم ماذا؟" إذا لم يتم إرسال رسائل البريد الإلكتروني الخاصة بي. "وإذا حدث ذلك.. فماذا بعد؟..."

عندما يكافئك المجتمع، فإنك تعتقد أنك تفعل الشيء الصحيح؛ ولكن بعد ذلك تنسحب زوجتك المستقبلية بسبب التغيرات التي طرأت عليك كفرد.

كيف يحدث شيء مثل هذا؟ هل يقودنا يوم إلى آخر نشعر فيه وكأننا نقف على عمالقة، ثم آخر عندما نحاول انتشال أنفسنا من بين انفجارات متعددة والتقاط أشلاء من دمارها؟

إحدى المزايا هي أنه جعلني أواجه إدماني وجهاً لوجه؛ ليس من حيث "أوه، إنه يعمل كثيرًا فقط"، أو في "فقط استرخ واستمتع بالأمر"، ولكن أكثر في شكل، "إذا لم يبدأ في الذهاب إلى الاجتماعات والتعافي قريبًا، فسوف يفعل ذلك". يموت موتا مبكرا". لقد أدركت أن ما جعلني ناجحًا جاء بتكلفة ـ مثل كثيرين آخرين؛ لقد كان لدافعي وإكراهي دور كبير في إحساسي بذاتي لدرجة أنني شعرت وكأنني في سجن؛ خلق حلقة مفرغة لا نهاية لها من الألم والإحباط التي تحتاج إلى تفسير قبل أن تنكسر ـ وإلا فستحدث نتائج مأساوية.

كباحث وكاتب، درست التاريخ والأعمال لسنوات عديدة. كما هو الحال في أي مسعى إنساني، عندما تتم ملاحظتها على مدى فترة زمنية طويلة، تبدأ الموضوعات العالمية في الظهور، وأصبحت مفتونًا بشكل خاص بالقضايا المحيطة بالأنانية.

لقد درست الأنا وآثارها منذ فترة طويلة. في الواقع، كنت قد أمضيت ما يقرب من عام في إجراء بحث لهذا الكتاب عندما وقعت الأحداث التي أرويها الآن. ومع ذلك، فقد سلطت تجربتي المؤلمة في هذا الإطار الزمني الضوء على هذه الأفكار بطرق لم أكن أتوقعها من قبل.
لقد جعلتني الأنا أشهد عواقبها السلبية ليس فقط على المستوى الشخصي أو عبر التاريخ، بل أيضًا على أصدقائي وعملائي وزملائي الذين يشغلون مناصب عليا في العديد من الصناعات. لقد كلفت الأنا الناس الذين أقدرهم مئات الملايين من الأضرار لأنها أبعدتهم عن تحقيق أهدافهم ـ فقط عندما يعتقدون أنهم قد وصلوا إليها ـ تمامًا كما فعل سيزيف نفسه. والآن على الأقل لمحت بنفسي ما هو أبعد من تلك الهاوية.

بمجرد أن أدركت تحقيقي لذاتي، حصلت على وشم عبارة "الأنا هي العدو". في حين أن مصدرها لا يزال غير واضح (ربما كتاب قديم قرأته قبل عقود)، إلا أن هذه الكلمات سرعان ما وفرت لي الراحة والتوجيه في حياتي. على ذراعي اليسرى (ذات مصدر مشكوك فيه بنفس القدر)، يوجد وشم آخر مكتوب عليه "العقبة هي الطريق"، ويقدم التوجيه اليومي عند اتخاذ القرارات في الحياة: السباحة، أو التأمل، أو الكتابة، أو مجرد الخروج من الحمام كل صباح ـ كلاهما يذكرني بأن اختر المسار الصحيح في كل موقف يطرأ!

لقد كتبت هذا الكتاب ليس بسبب أي حكمة أشعر أنني مؤهل لنقلها، بل لأن هذا هو بالضبط الكتاب الذي كان من شأنه أن يساعدني في المراحل الحرجة في حياتي. كانت هذه أوقاتًا كانت فيها الإجابة على السؤالين الأكثر عمقًا في الحياة أمرًا بالغ الأهمية: من أنا، وما هو المسار الذي سأتبعه (quod vitae sectabor iter)

ولأن هذه الأسئلة خالدة وعالمية، باستثناء هذه الملاحظة فقط، قررت الاعتماد على الفلسفة والأمثلة التاريخية بدلاً من السرد الشخصي في هذا الكتاب.

قد تحتوي كتب التاريخ على قصص لأفراد أقوياء ذوي رؤية ساهموا في تشكيل التاريخ وفقًا لرؤيتهم بقوة غير عقلانية على ما يبدو، ومع ذلك فقد توصلت إلى أن التاريخ يصنعه أيضًا أفراد حاربوا غرورهم في كل منعطف، وتجنبوا الأضواء، وحصلوا على مكانة أعلى. الأهداف قبل الاعتراف الشخصي. لقد كان التعامل مع هذه الحكايات وإخبارها طريقتي للتعلم والاستيعاب.

كما هو الحال مع كتبي السابقة، فإن هذا الكتاب مستنير بعمق بالفلسفة الرواقية وجميع المفكرين الكلاسيكيين العظماء. كما هو الحال في الحياة نفسها، فإنني أعتمد بشدة على حكمتهم في كتابة هذا الكتاب؛ أي نجاح سيأتي منهم وليس مني! إذا كان هناك أي شيء يساعدك منه على الإطلاق ـ أشكرهم بدلاً مني!

قال ديموسثينيس ذات مرة أن الفضيلة تبدأ بالفهم وتكتمل بالشجاعة. يجب أن نبدأ برؤية أنفسنا والعالم بعيون جديدة؛ ومن ثم يصبح من المهم النضال من أجل البقاء فريدًا وفي الوقت نفسه البقاء مختلفًا ـ قد يكون هذا عملاً صعبًا؛ أنا لا أدعو إلى قمع أو سحق كل من يختلف مع رؤيتك للعالم؛ بل يجب أن نعمل على قبول جميع وجهات النظر باعتبارها صحيحة.

لا تدع الأنا تحكم حياتك؛ توجد قصص أخلاقية لمساعدتنا على إدراك متى يكون القيام بذلك مستحيلًا أو مغريًا. هذه التذكيرات لا تؤدي إلا إلى تحفيز التغيير الإيجابي.

استخدم أرسطو تشبيهًا يقارن الإنسانية بالخشب المشوه لتصوير الطبيعة البشرية. لتجنب الالتواء أو الانحناء، يقوم عمال الخشب المهرة بالضغط بالضغط في الاتجاه المعاكس عن طريق الضغط ببطء من أجل تقويمه. ولسوء الحظ، قال كانط في عام 1788: "لا شيء يمكن أن يصبح مستقيمًا من خشب الإنسانية الملتوي". قد لا نحقق الكمال أبدًا، ولكننا على الأقل نسعى جاهدين نحو مسارات أكثر استقامة.

في البداية، قد يكون من الجيد أن تشعر بالتميز أو التمكين أو الإلهام، ولكن هذا ليس الهدف من هذا الكتاب. بدلاً من ذلك، كان هدفي هو ترتيب هذه الصفحات بحيث ينتهي بك الأمر إلى ما فعلته عند كتابتها: أي مع قدر أقل من الصورة الذاتية المستثمرة فيك بالإضافة إلى التحرر من القصص التي ترويها عن نفسك والتي تمنعك من تحقيق العالم. ـ تغيير العمل الذي خططت لتحقيقه.

الفصل الثاني: المقدمة

أولاً وقبل كل شيء، لا تخدع نفسك؛ خداع النفس يمكن أن يكون صعباً بما فيه الكفاية!

ريتشارد فاينمان ربما أنت شاب وطموح. أو ربما فشل طموحك. أو ربما تكون قد حققت أول مليونين لك، ـ
ووقعت عقدك الأول، وأصبحت آمنًا ماليًا.

هل قمت مؤخرًا بالتوقيع على صفقتك الأولى، أو تم اختيارك للانضمام إلى مجموعة النخبة أو أنجزت بالفعل
ما يكفي لتدومك لتدوم مدى الحياة؟ ربما كان من الواضح أن الرتب العليا تبدو فارغة. أم أنك مكلف بقيادة الآخرين
خلال حالة الطوارئ. أو ربما قام رئيسك بطردك للتو أو وصلت إلى الحضيض بنفسك.

أعظم خصم لك موجود بداخلك بالفعل: ذاتك.

"لا أحد يمكن أن يدعوني بالغرور!" قد تعتبر نفسك شخصًا متوازنًا إلى حد ما، ولكن بالنسبة للأشخاص الذين
لديهم الطموحات والمواهب والدوافع والإمكانات التي يجب تحقيقها، فغالبًا ما تكون الأنا حاضرة. إن ما
يجعلنا مفكرين وفاعلين ومبدعين ورجال أعمال واعدين يجعلنا أيضًا عرضة لهذا الجانب المظلم من نفسيتنا.

استخدم علماء النفس الفرويديون القياسات لشرح الأنا لدينا؛ قال فرويد إننا جلسنا على جانب الطريق كما لو
كنا نركب الخيول، مع دوافع لاواعية تمثل الحيوانات التي نحتاج إلى توجيهها من خلال رؤية الأنانية
لأنفسهم كراكبين على الخيول؛ وبدلاً من ذلك يشير علماء النفس المعاصرون إلى هؤلاء الأفراد على أنهم
"أنانيون"، ويعني ذلك شخصًا يركز بشكل خطير على نفسه دون أي اعتبار لأي شخص آخر؛ يمكن أن تكون
جميع هذه التعريفات دقيقة ولكن لها قيمة محدودة خارج البيئة السريرية.

يمكن تعريف الأنا بعدة طرق؛ أحد هذه التعريفات هو: الاعتقاد غير الصحي بأهميتنا وغطرستنا وطموحنا
الأناني ـ كل هذا سوف يتناسب مع تعريف هذا الكتاب للأنا المتضخمة ـ إنه ذلك الطفل داخل كل شخص
الذي يعطي الأولوية لشق طريقه على أي شيء أو أي شخص. آخر؛ الحاجة إلى الاعتراف بها دون أي سبب
معقول كأفضل أو أكبر أو أكثر قيمة من أي وقت مضى.
تشير الأنا إلى شعور مبالغ فيه بالتفوق واليقين الذي يتجاوز حدود الموهبة أو الثقة.

وكما لاحظ مدرب كرة القدم بيل والش، فإن تصورنا لأنفسنا وللعالم يمكن أن يصبح مشوهاً عندما تصبح
أفكارنا عن أنفسنا ومحيطنا كبيرة للغاية بحيث لا تخدم مصلحتنا. عندما تصبح مشاعرنا تجاه أنفسنا متضخمة
جدًا بحيث لا يمكن للواقع أن يتحملها؛ عندما تتحول الثقة بالنفس إلى غطرسة، والحزم إلى عناد، والثقة إلى
استسلام متهور ـ عندها تبدأ الأنا هجومها على الواقع كما تفعل الجاذبية. حذر الكاتب سيريل كونولي من هذا
الخطر لأن غرورنا "يمتصنا كما تفعل الجاذبية".

تقف الأنا في طريق ما ترغب فيه وتحققه: إتقان حرفة ما، وتطوير الرؤية الإبداعية، والعمل بشكل جيد مع
الآخرين، وبناء الولاء والدعم بين أعضاء الفريق، وتكرار النجاح السابق مع الحفاظ على طول العمر ـ فهي
في آن واحد Charybdisو Scylla تصد المزايا والفرص، وتجذب الأعداء والأخطاء. وهو كل من!

قد لا يعتبر معظمنا أنفسنا "مهووسين بالغرور"، إلا أن غرورنا يظل جوهر العديد من المشكلات والعقبات التي نواجهها في الحياة ـ بدءًا من سبب عدم قدرتنا على الفوز إلى السبب الذي يجعل الفوز في كثير من الأحيان يتطلب نسب النجاح على حساب شخص آخر. ، بدءًا من الرغبة في الحصول على ما لا نمتلكه بعد، إلى لماذا يبدو أن امتلاكه لا يؤدي إلى تحسين أي شيء بالنسبة لنا شخصيًا.

لا أحد يرى الأمر بهذه الطريقة. يعزو معظمنا مشاكلنا إلى شخص ما أو شيء آخر (عادةً أشخاص آخرون). وكما لاحظ الشاعر الروماني لوكريتيوس قبل 2000 عام، فإننا نميل إلى إلقاء اللوم على أشياء أخرى وليس أنفسنا في أمراضنا؛ بقدر ما قال لوكريتيوس "الرجال المرضى لا يدركون أسباب مرضهم". يمكن أن يقال هذا بشكل خاص للأفراد الناجحين الذين تعميهم غرورهم عن رؤية ما يجب القيام به لأن كل ما يمكنهم رؤيته هو نتائج ما تم تحقيقه بالفعل.

بينما نسعى لتحقيق كل هدف وطموح نضعه لأنفسنا، بغض النظر عن حجمه أو صغره، يبدو دائمًا أن الأنا تقف في طريقنا.

هارولد جينين، مدير تنفيذي مبتكر، شبه الأنانية بالإدمان على الكحول: "على عكس إدمان الكحول، لا يتعثر الشخص المغرور، أو يطرق الأشياء من مكتبه، أو يتلعثم أو يسيل لعابه؛ بل يصبح متعجرفًا بشكل متزايد؛ ويسيء البعض تفسير هذا السلوك على أنه مؤشر على القوة أو الذات. ـالثقة ـ يرون خطأً أن مثل هذه المواقف هي علامات على أن شخصًا ما يتمتع بالسلطة أو الثقة؛ غالبًا ما يخطئ هؤلاء الأفراد في أن غطرستهم تشير إلى القوة أو الثقة بالنفس ـ دون أن يدركوا أنها انتشرت أو تقتلهم من الداخل.

الأنا، كما عرفها الأعضاء الأوائل في منظمة مدمني الخمر المجهولين، يمكن وصفها بأنها الصوت الذي يخبرنا بأننا أفضل مما نحن عليه بالفعل، مما يعيق النجاح الحقيقي من خلال خلق حاجز مصطنع بين أنفسنا والعالم الخارجي. تعمل الأنا أيضًا على تقويض النجاح الحقيقي لأنها تمنع إجراء اتصالات صادقة معه عبر القنوات المباشرة. تمنع الأنا النجاح الحقيقي لأنها تخلق حواجز تمنع الوصول المباشر بينك وبين ما يكمن حولك ـ والوصف الدقيق هو "الانفصال الواعي عن كل الأشياء"، حيث تعني كل الأشياء جميع أنواع العلاقات التي تنطوي على تفاعلات تحدث داخل أنفسنا على النقيض من ذلك. إلى الاتصالات الصادقة التي يتم إجراؤها بشكل مباشر وصادق مع من حولنا ـ وبالتالي تثبيط النجاح الحقيقي من خلال قنوات غير مباشرة تمنع الارتباط الصادق مع كل ما يقع حولنا وكل شيء حولنا ـ وهو شيء تعيقه الأنا عند التعامل مع ظروف الحياة من خلال الحفاظ على نفسها داخل نفسها مما يخلق انفصالًا داخلنا في جميع الأوقات مما يسبب الانفصال مع من حولنا عما كان حقيقيًا من خلال حرمان الاتصال الصادق بيننا وبين من حولنا ومن حولنا من تجربة النجاح الحقيقي عن طريق الانفصال الواعي عن كل شيء مما يترك كل الاحتمالات الانخراط عن كل شيء في كل ما هو موجود حولك موجود بينكم وكل شيء انفصال واعي يحدث لأنك انفصال واعي عما يعنيه...

يتجلى الانفصال بشكل سلبي بطرق مختلفة: نحن غير قادرين على العمل بفعالية مع الآخرين إذا وضعنا حواجز بيننا؛ لا يمكننا تحسين أنفسنا أو العالم إذا كنا نفتقر إلى الفهم؛ ولا يمكن قبول التعليقات أو تقديمها إذا لم يكن هناك طريقة للدخول.

كأفراد، غالبًا ما نصبح غير قادرين أو غير مهتمين بالاستماع إلى المصادر الخارجية. وبدون سماع ما هو موجود، لن نتمكن من التعرف على الفرص ـ أو خلقها ـ لذلك نعيش داخل أوهامنا الخاصة بدلاً من رؤية ما ينتظرنا. بدون تقييم دقيق لأنفسنا مقارنة بقدرات الآخرين، فإننا نفتقر إلى الثقة ولكننا بدلاً من ذلك نستسلم

للوهم؛ كيف من المفترض أن نصل إلى الآخرين أو نحفزهم أو نقودهم عندما لا نتمكن من تلبية احتياجاتهم بسبب عدم تواصلنا مع احتياجاتنا؟

تقول مارينا أبراموفيتش بوضوح: "إيمان المرء بنفسه يمكن أن يؤدي إلى زوال الإبداع".

الراحة تحافظ على ازدهار الأنا: قد يكون القيام بعمل رائع في الرياضة أو الفن أو العمل أمرًا شاقًا، والأنا توفر الراحة من خلال تهدئة هذا الخوف وتخفيف الشعور بعدم الأمان. ومن خلال استبدال التفكير العقلاني بالانهماك في الذات والتأكيد العاطفي، تمنحنا الأنا ما نريده عندما نريده.

ولكن هذا الحل قد لا يوفر إلا راحة قصيرة الأمد ذات عواقب دائمة.

الأنا كانت موجودة دائمًا؛ الآن تم تعزيزه.

الآن، أكثر من أي وقت مضى، تشجع ثقافتنا الأنا المتضخمة. لم يكن من الأسهل من قبل أن نتحدث وأن ننفخ أنفسنا. الآن يمكننا التباهي بأهدافنا أمام الملايين من المعجبين والمتابعين ـ وهو أمر لم يتمكن من الوصول إليه في السابق سوى نجوم الروك وقادة الطوائف الدينية. يتيح لنا تويتر متابعة النجوم الذين نعجب بهم التي تقدم الإلهام والتحقق من الصحة TED والتفاعل معهم، بالإضافة إلى الكتب/مواقع الويب/محادثات (حتى أن هناك تطبيقًا). ومن خلال هذه المنصات المتاحة لنا، يمكننا أن نسمي أنفسنا مديرًا تنفيذيًا لشركات لا وجود لها إلا على الورق؛ أعلن عن أخبار كبيرة على وسائل التواصل الاجتماعي وشاهد تدفق التهاني؛ نشر المقالات التي كانت تعتبر في السابق مصادر محايدة.
البعض منا ينخرط في هذا السلوك أكثر من غيره؛ إنها مجرد مسألة درجة. مع ظهور التغيرات التكنولوجية كل يوم، من المهم بشكل متزايد احتضان فرديتنا وتقديرها عندما نجد هدفنا في الحياة.

كثيرًا ما يسمع الناس نصائح للتفكير بشكل كبير والعيش بشكل كبير؛ "للجرأة الكبيرة" وترك بصمتنا في التاريخ. يعتقد الكثيرون أن النجاح يتطلب وجود رؤية شاملة تشبه تلك التي يتبناها مؤسسو الشركات أو فرق البطولات (ولكن هل فعلوا ذلك بالفعل؟) نحن نرى التباهي بالمخاطرة بين الأشخاص الناجحين على شاشة التلفزيون، وهم يحاولون بفارغ الصبر تبني هذا الموقف لأنفسهم في مساعينا لتحقيق النجاح. الأنجازات الشخصية.

كثيرًا ما نخطئ بين الارتباط والسببية في حين أنه لا يوجد أي شيء في الواقع؛ وبدلاً من ذلك، فإننا نخطئ في اعتبار أعراض النجاح مظهرًا فعليًا له، ونخطئ في اعتبار نتاجه الثانوي سببًا له.
يمكن أن تعمل الأنا لدى البعض، حيث أن العديد من الأشخاص الأكثر شهرة في التاريخ كانوا أنانيين. ومع ذلك، فإننا نعيش في بيئة تشجع هذا السلوك ـ ولكنها في كثير من الأحيان تفعل ذلك على حساب الآخرين. نحن هنا في بيئة تحثنا على اللعب بطريقة آمنة أثناء المقامرة بشكل أعمى دون النظر إلى المخاطر التي تنطوي عليها.

لا يهم أين تذهب، سوف تتبعك غرورك.

في أي مرحلة من حياتهم، يقع الناس عادة في واحدة من ثلاث مراحل. ربما نسعى جاهدين للإدلاء ببيان مؤثر حول هويتنا أو نحاول ترك بصماتهم على المجتمع؛ أو ربما حققنا نجاحًا ـ سواء كان طفيفًا أو كبيرًا ـ جزئيًا أو كليًا؛ أو على العكس من ذلك، فقد فشلنا ـ مؤخرًا أو بشكل مستمر. في أغلب الأحيان، على الرغم

من أن هذه الحالات الثلاث تتعايش بشكل سلس ـ فإما أن نطمح حتى يأتي النجاح ويطرق الباب، ويأتي النجاح يطرق الباب حتى الفشل، أو يمكننا أن نبدأ الطموح أو ننجح مرة أخرى بعد الفشل ـ وهذا هو الحال بالنسبة لمعظم الناس.

يمكن أن تكون الأنا هي العدو في أي طريق نحو النمو والتعافي، خاصة خلال فترات التحول أو الصعوبة. في حين أن الأمور قد تأتي بسرعة وسلاسة في البداية، إلا أنها غالبًا ما تصبح صعبة عندما تصبح الحياة صعبة أو تتغير بشكل كبير.

ولذلك فإن هذا الكتاب يتكون من ثلاثة أجزاء: أسباير. يغزو. وإحياء.

نجاح. فشل.
الهدف من هذا الهيكل بسيط: فهو يهدف إلى المساعدة في قمع الأنا مبكرًا قبل أن تتجذر العادات السيئة، واستبدال الكبرياء بالتواضع والانضباط عند تجربة النجاح، وتطوير المرونة حتى لا نتغلب عليه عندما يضربنا الفشل مرة أخرى. وببساطة: يهدف هذا الهيكل إلى جعلنا جميعًا: أكثر

التواضع في أهدافنا نعمة في نجاحنا
صامدون في إخفاقاتنا
هذا لا يعني أنك لست فريدًا ولديك شيء رائع للمساهمة به خلال حياتك القصيرة على هذه الأرض. ولا يعني هذا أيضًا أنه لا يوجد مجال لتجاوز الحدود الإبداعية، أو الابتكار أو الشعور بالإلهام، أو السعي إلى التغيير والابتكار الطموح حقًا؛ على العكس من ذلك، من أجل القيام بهذه الأشياء وتحمل المخاطر بمسؤولية، نحتاج إلى التوازن؛ لاحظ كويكر ويليام بن ذات مرة أن "المباني المكشوفة تحتاج إلى أساسات قوية". فماذا الآن؟ هذا الكتاب الذي تحمله بين يديك مكتوب على فرضية واحدة: أن ذاتك لا تملي مطالبها عليك عند كل منعطف؛ بل يمكن إدارته وتوجيهه.

يلقي هذا الكتاب نظرة فاحصة على الأفراد المؤثرين مثل وليام تيكومسيه شيرمان، وكاثرين جراهام، وجاكي روبنسون، وإليانور روزفلت، وبيل والش، وبنجامين فرانكلين، وبليساريوس، وأنجيلا ميركل، وجورج سي مارشال لتقييم ما إذا كانت غرورهم ستمنعهم من إنجاز ما يريدون. لقد فعلوا ذلك ـ إنقاذ الشركات المتعثرة، وتطوير استراتيجيات الحرب، ودمج لعبة البيسبول، وإحداث ثورة في جرائم كرة القدم، والوقوف في وجه الاستبداد أو تحمل المصائب بشجاعة ـ دون إحساسهم بالواقع والوعي ـ وهو أمر نصحنا المؤلف والاستراتيجي روبرت جرين جميعًا بفعله ـ كان جزءًا لا يتجزأ من كل ما أنجزوه ـ العمل الفني المكتوب أو المصمم أو المسوق للمستهلكين أو القدرات القيادية التي جعلت الكتابة الفنية أو الكتابة أو تصميم استراتيجيات الأعمال أو الأدوار القيادية التي قام بها هؤلاء القادة الذين ساهموا بمواهبهم ووعيهم في كل ما حققوه خلال فترة عملهم عمر كل منهما.

أثناء دراستنا لهؤلاء الأفراد، ما نكتشفه هو أنهم كانوا متماسكين وحذرين وصادقين في نهجهم. على الرغم من أنه لم يكن أي منهم خاليًا تمامًا من الأنا، إلا أنهم عرفوا متى وكيف يتم استيعابها أو قمعها عند الضرورة ـ وهم أفراد عظماء ومتواضعون بالفعل.

مهلا، ولكن فلان كان لديه غرور هائل وحقق النجاح؟ ماذا عن ستيف جوبز أو كاني ويست؟

في بعض الأحيان، قد نحاول تبرير السلوك السيئ من خلال النظر إلى القيم المتطرفة كأمثلة للسلوك المقبول. لكن لا أحد يصبح ناجحًا حقًا من خلال الانشغال بذاته أو الانفصال عنه ـ حتى لو كانت هذه السمات مرتبطة ببعض الأفراد المعروفين؛ تظهر أيضًا سمات أخرى، بما في ذلك الإدمان وسوء المعاملة (سواء أنفسهم أو الآخرين)، والاكتئاب والهوس. تكشف الدراسات التي أجريت على هؤلاء الأفراد أنهم بذلوا قصارى جهدهم عندما قاوموا الدوافع والاضطرابات والعيوب؛ فقط عندما يكون خاليًا من الأمتعة الشخصية يمكن لأي فرد تحقيق أقصى قدر من الأداء.

كجزء من دراستنا، سنلقي نظرة على أفراد مثل هوارد هيوز، والملك الفارسي زركسيس، وجون ديلوريان، والإسكندر الأكبر الذين فقدوا الاتصال بالواقع وأظهروا مدى خطورة الأنا. وسوف نقوم بالتحقيق في الدروس المكلفة التي تعلموها ـ ليس أقلها من خلال البؤس وتدمير الذات ـ بالإضافة إلى دراسة السبب الذي يجعل حتى الأشخاص الناجحين يتأرجحون في كثير من الأحيان بين التواضع والأنا، مما يخلق مشاكل على طول الطريق.

بمجرد أن نجرد الأنا، فإن ما يتبقى هو حقيقي: التواضع ـ وإن كان تواضعًا وثقة. في حين أن الأنا لا يمكن أن تكون إلا مؤقتة ويتم التمسك بها بشكل عابر، فإن هذا النوع من الثقة يحمل وزنًا بمرور الوقت ويحمل أهمية أكبر. الأنا تُسرق فقط ولكنها تُكتسب؛ يجب كسب الثقة ويميل القادة الذين يعينون أنفسهم إلى إظهار الثقة بينما تسود الحيلة؛ أحدهما يقترب منك بينما الآخر يضيء بالغاز؛ إنه ما يفصل بين القوي والسامة.

وكما ستشهد في الصفحات القادمة، دفعت هذه الثقة بالنفس جنرالًا متواضعًا ومستهانًا به ليصبح المحارب والاستراتيجي الأول في أمريكا خلال الحرب الأهلية. قامت الأنا بإسقاط جنرال آخر من موقعه في السلطة والنفوذ بعد الحرب العالمية الأولى ودفعته إلى الفقر والعار. وآخر أخذ عالمة ألمانية هادئة وحولها ليس فقط إلى زعيمة أخرى، بل إلى وكيل للسلام. صورت إحدى القصص عقلين هندسيين موهوبين وجريئين بشكل استثنائي في القرن العشرين وكيف ازدهرت حياتهم المهنية قبل الاستسلام للفشل أو الإفلاس أو الفضيحة أو الجنون Super Bowl في. قاد أحدهم واحدًا من أسوأ فرق اتحاد كرة القدم الأميركي على الإطلاق إلى غضون ثلاثة مواسم، ثم واصل بعد ذلك تشكيل واحدة من أعظم السلالات التي شهدتها كرة القدم على الإطلاق. وفي الوقت نفسه، تغلب العديد من المدربين والسياسيين ورجال الأعمال والكتاب على صعاب مماثلة ليتراجعوا إلى الوراء بمرور الوقت ويستعيدوا السيطرة.

يتعلم البعض التواضع بينما يختار البعض الآخر الأنا. بعض الأفراد مستعدون لنتائج القدر الإيجابية والسلبية في حين أن البعض الآخر ليس كذلك. ماذا سيكون اختيارك ومن ستصبح؟

يشير شراؤك لهذا الكتاب إلى اعتقادك بأن الإجابة على هذا السؤال ستصبح ملحة بشكل متزايد بمرور الوقت، سواء بوعي أو بغير وعي.

إذن نحن هنا ـ فلنبدأ العمل!

الفصل الثالث: الطموح

انطلقنا في رحلة. تبدأ كل رحلة عظيمة هنا ـ ومع ذلك، لا يصل الكثيرون أبدًا إلى وجهاتهم، ASPIRE في المقصودة بسبب مشاكل الأنا: بناء أنفسنا بقصص خيالية حول مدى روعة الأشياء أو الاعتقاد بأننا نعرف كل شيء فقط لنرى كل شيء يتلاشى أمامنا دون أن نفهم السبب؛ تتطلب أعراض الأنا المتضخمة هذه التواضع والواقع كعلاج لها.

يقولون إن الجراحين ذوي السمعة الطيبة يمتلكون أيديًا جريئة عند إجراء العمليات الجراحية بأنفسهم. لكن أولئك الذين يزيلون حجاب خداع الذات الذي يستر أي عيوب في سلوكهم، يتمتعون بنفس القدر من الشجاعة في إجراء العمليات على أنفسهم.

ـ ـآدم سميث وكريستن سبيلمان

في عام 374 قبل الميلاد، كتب إيسقراط، أحد أبرز المعلمين والخطباء في أثينا، رسالة مفتوحة إلى شاب مجهول اسمه السيبياديس.

التقى ديمونيكوس بإيسقراط بعد وفاة والده، حيث كان إيسقراط أحد معارف والد ديمونيكوس الراحل وأراد مشاركة النصائح حول اتباع خطواته.

قدم إيسقراط نصائح تتراوح بين العملية والأخلاقية ـ وكلها تم تقديمها كقواعد نبيلة كانت بمثابة مبادئ للسنوات المقبلة.

كان ديمونيكوس طموحًا مثل معظمنا؛ مما دفع إيسقراط إلى نصحه بعدم اتباع مسار طموحه، لأن طريقه قد يكون محفوفًا بالمخاطر. ونصح ديمونيكوس ألا يلبس حلية غير الحياء والعدالة وضبط النفس لأن هذه الفضائل تضمن ضبط النفس لدى الشخصيات الشابة. يوصى باستخدام ضبط النفس حتى لا تستسلم للمتع المعتدلة والأحاسيس المؤلمة ـ نصح إيسقراط ديمونيكوس ضد المتملقين بقدر ما نصح المخادعين؛ وكلاهما "سيضر من يثق بهما".

ونصحه بأن "يكون ودودًا في علاقاتك مع من يقترب منك، بدلًا من الغطرسة؛ بل إن الغطرسة قد تكون أمرًا لا يطاق على العبيد أن يتحملوه". بالإضافة إلى ذلك، كن بطيئًا في المداولات وسريعًا في تنفيذ قراراتك، لأن "الحكم الجيد هو أحد أعظم مواردنا؛ تدريب عقلك دائما. إنها حقًا واحدة من أعظم أصول البشرية".

قد تبدو بعض نصائح إيسقراط مألوفة لنا. وبعد أكثر من ألفي عام، وجدت طريقها إلى كتابات ويليام شكسبير كتحذيرات ضد الأنا المفرطة. حتى أن شكسبير استخدم رسالة إيسقراط كمصدر إلهام في هاملت عندما ألقى بطله بولونيوس خطابًا حماسيًا إلى لارتيس اختتم بهذه الآية من رسالة إيسقراط:
بأي ثمن، كن صادقًا مع نفسك.

وكما أن الليل يتبع النهار، فإن العكس يجب أن ينطبق أيضًا.

لا تخدع أحدا. لا تكذب على أحد.

أطيب تمنياتي لكم هذا الموسم!

سيصبح ويليام تيكومسيه شيرمان أحد أعظم الجنرالات والمفكرين الاستراتيجيين في أمريكا، حيث يقتبس نصوص شكسبير مثل خطاب إيسقراط غالبًا أثناء خدمته العسكرية في أمريكا. على الرغم من أنه ربما لم يلتق بإيسقراط بشكل مباشر أبدًا، إلا أن إعجابه بمسرحية إيسقراط ترك انطباعًا مؤثرًا عليه واقتبس مرات عديدة هذا المقطع الدقيق من إيسقراط نفسه!

مثل ديمونيكوس، توفي والد شيرمان عندما كان لا يزال صغيرًا جدًا، مما تركه ضعيفًا وضعيفًا بدون شخص بالغ يلجأ إليه للحصول على التوجيه والحماية. توماس إوينج، الذي سيصبح قريبًا عضوًا في مجلس الشيوخ الأمريكي، تولى توماس إوينج مهام تقديم الرعاية لشيرمان باعتباره واجبه الخاص. تبنى إوينج شيرمان وقام بتربيته كجزء من وحدة عائلته.

وما يجعل شيرمان مميزاً هو صعوده: فلم يكن بوسع أحد أن يتوقع أي شيء أكثر من الإنجازات الإقليمية، ناهيك عن اتخاذ تدابير جذرية مثل رفض رئاسة الولايات المتحدة. ارتفع شيرمان بثبات مع مرور الوقت. على عكس نابليون الذي يظهر فجأة ويختفي بنفس السرعة.

أمضى شيرمان سنواته الأولى في حضور ويست بوينت وانضم لاحقًا إلى الجيش. لعدة سنوات من الخدمة، سافر شيرمان عبر معظم أنحاء أمريكا على ظهور الخيل لاكتساب المعرفة مع كل وظيفة قام بها. عند اندلاع الحرب الأهلية، سرعان ما شق شيرمان طريقه شرقًا لتقديم خدماته وسرعان ما تم نشره في بول ران، وهي هزيمة محرجة للاتحاد. استغل شيرمان النقص الحاد في القيادة ليتم ترقيته إلى رتبة عميد وتم استدعاؤه لعقد اجتماعات مع الرئيس لينكولن وكبير مستشاريه العسكريين. خطط شيرمان ووضع إستراتيجياته بحرية مع لينكولن خلال رحلته، ولكن في نهايتها قدم طلبًا غير عادي: سيقبل ترقيته فقط مع ضمان لينكولن بأنها لن تتطلب تولي قيادة الوحدات الأخرى ـ وهو الأمر الذي طلبه معظم الجنرالات الآخرين؛ وافق لينكولن بسهولة.

شعر شيرمان الآن بالرضا باعتباره الرجل الثاني. لقد قدر نفسه كفرد وشعر أن هذا الدور يناسبه بشكل أفضل. تخيل شخصًا طموحًا يرفض فرصة التقدم لأنه يشعر بأنه غير مستعد. هل يبدو ذلك غريبًا حقًا؟ لم يكن شيرمان دائمًا مثالًا لضبط النفس والنظام. في وقت مبكر من الحرب، عندما تم تكليفه بحماية كنتاكي بقوات غير كافية، اجتمع هوسه وميله نحو الشك بطريقة متفجرة. بينما كان شيرمان يشكو من نقص العرض والبارانويا بشأن تحركات العدو، كسر النموذج وأدلى بتعليقات غير لائقة للعديد من مراسلي الصحف مما أدى إلى استدعائه مؤقتًا من القيادة ـ حيث احتاج إلى أسابيع من الراحة قبل أن يستعيد مستواه بالكامل مرة أخرى. لقد كانت بمثابة واحدة من اللحظات العديدة القريبة من الكارثة خلال المسار الوظيفي الناجح.

ترك شيرمان بصمته بعد هذه العثرة القصيرة، وبعد أن تعلم منها، ارتد بقوة. على سبيل المثال، أثناء حصار فورت دونلسون، كان يحمل رتبة رسمية رفيعة للجنرال يوليسيس إس جرانت، ولكن بدلاً من إصدار الأوامر قرر بدلاً من ذلك دعمه وتعزيزه بمرح بدلاً من إصدار الأوامر بنفسه. أرسل شيرمان مذكرة تحتوي على الإمدادات لإخبار جرانت بأن هذا العرض خاص به ؛ اتصل بي للحصول على أي مساعدة يمكنني تقديمها؛ لقد فازوا معًا بأحد انتصارات الاتحاد الأولى في الحرب معًا.

واستنادًا إلى نجاحاته السابقة، دعا شيرمان إلى مسيرته الشائنة الآن إلى البحر ـ وهي خطة جريئة لا تعتمد على بعض وميض الإلهام بل على التضاريس الدقيقة التي بدت ذات يوم ذات صلة ولا معنى لها كموقع استيطاني للضباط الشباب الذين يستكشفونها ويدرسونها. كجزء من واجباتهم كضباط شباب

وبينما كان شيرمان حذراً ذات يوم، فقد أصبح الآن واثقاً من نفسه. وعلى عكس الكثيرين ذوي الطموح الكبير، حصل شيرمان على هذا الاحترام من خلال التخطيط بعناية لكل خطوة على طول رحلته من تشاتانوغا إلى أتلانتا ثم أتلانتا إلى البحر ـ دون الانخراط في معركة بعد معركة تقليدية. يمكن لأي طالب في التاريخ العسكري أن يرى كيف أن غزوًا مشابهًا بقيادة الغرور بدلاً من الهدف كان من المحتمل أن يؤدي إلى نتائج مختلفة تمامًا.

لقد استخدم نظرته الواقعية لتحديد خيار عبر الجنوب اعتبره الآخرون مستحيلاً. تضمنت طريقته في حرب المناورة تجنب الهجمات الأمامية أو استعراض القوة عن عمد من خلال شن معارك ضارية؛ وتجاهل أي انتقاد يهدف إلى إثارة ردود الفعل؛ وبالتالي الاستمرار في المسار ومتابعة خطته دون الالتفات إلى الانتقادات التي تهدف إلى الاستفزاز.

في نهاية الحرب العالمية الأولى، أصبح شيرمان أحد أكثر الشخصيات شهرة في أمريكا، لكنه لم يكن لديه أي طموح للترشح لمناصب عامة أو الانخراط في السياسة. كانت رغبته الوحيدة هي القيام بعمله ثم التقاعد عند انتهاء خدمته. رفض شيرمان الثناء والاهتمام الذي أعقبه، وحذر جرانت من هذا المستقبل: "كن حذرًا طبيعية وصادقة، ستكون نفسك المشعة مثل نسيم البحر في يوم صيفي حارق".

قدم لنا أحد كتاب سيرة شيرمان لمحة عامة مذهلة عنه وعن إنجازاته. مما جعله قدوة لنا في هذه المرحلة من صعودنا.

ويمكن التمييز بين نوعين من الرجال الذين يصلون إلى الشهرة والريادة: أولئك الذين ولدوا مع الإيمان بالذات؛ وأولئك الذين تنمو ثقتهم ببطء من خلال الإنجاز الفعلي. بالنسبة للرجال من النوع الأخير، غالبًا ما يأتي النجاح كهدية غير متوقعة ـ وتكون ثماره لذيذة أكثر. ومع ذلك، يكمن في هذا الشك العالق التواضع الحقيقي ـ وليس التقليل من قيمة الذات بشكل غير صادق، بل "الاعتدال" في اللغة اليونانية ـ الاتزان، وليس الظهور.

وينبغي للمرء أن يسأل نفسه هذا السؤال، إذا كان إيماني بنفسي لا يعتمد على الإنجازات الفعلية، فما هو أساسه؟ للأسف، عند البدء، قد تكون الإجابة غالبًا هي لا شيء أو غرورنا. وهذا يفسر سبب حدوث ارتفاعات حادة في كثير من الأحيان يعقبها انخفاضات حادة.

إذن أي نوع من الأشخاص تنوي أن تكون؟

مثلنا جميعًا، كان على شيرمان أن يوازن بين الموهبة والطموح والقوة أثناء تنقله في الحياة عندما كان شابًا. وقد ساهم نجاحه في إدارة هذه الجوانب بشكل كبير في نجاحه اللاحق الذي غير حياته.

على الرغم من أن كل هذا قد يبدو مربكا، إلا أنه لا ينبغي أن يكون مفاجئا: فبينما أراد إيسقراط وشكسبير أن نكون أفرادا مكتفين ذاتيا، ولديهم دوافع ذاتية ويحكمون بالمبادئ، فإن الكثير منا تم تدريبهم على خلاف ذلك. غالبًا ما تشجع قيمنا الثقافية الاعتماد على التحقق من الاستحقاق؛ لقد قضى الآباء أجيالًا في بناء احترام الذات بينما تركز الشخصيات العامة على إلهامنا وتشجيعنا وتأكيد أننا نستطيع فعل أي شيء نفكر في القيام به.

في الواقع، هذا يجعلنا عرضة للخطر. نعم، حتى أنت بكل موهبتك ووعودك كفتى عجب أو فتاة تسافر إلى الأماكن؛ نحن نعتبر أن لديك الوعد أمرا مفروغا منه؛ ولهذا السبب حصلت على الجامعة المرموقة التي

تدرس فيها الآن، وحصلت على تمويل لمشروعك، وتم تعيينك أو ترقيتك، وتتلقى أي فرص تأتي في طريقك ـ كما قال إيرفينغ برلين "الموهبة هي مجرد نقطة البداية ـ والسؤال الآن يكمن في كيفية تحقيق ذلك". استخدامه بفعالية".
هل ستستفيد منه إلى أقصى حد، أم أنك ستصبح أسوأ عدو لنفسك؟

هل ستطفئ الشعلة التي تضيء للتو؟

ما نراه في شيرمان كان رجلاً متماسكًا ومتصلًا بالواقع. لقد جاء من لا شيء وأنجز أشياء عظيمة دون أن يشعر بأنه يستحقها بأي شكل من الأشكال؛ بدلاً من ذلك، كان يستسلم بانتظام للآخرين وكان أكثر من مجرد مساهمته في الفريق الفائز حتى لو كان هذا يعني مجدًا أو شهرة أقل لنفسه. من المؤسف أن أجيالاً من الصبية الصغار تعلموا عن مهمة بيكيت المذهلة لسلاح الفرسان فقط، في حين أن شيرمان، كنموذج واقعي غير جذاب منسي أو أسوأ من ذلك، هاجم كشخص أقل جدارة.

يمكن للمرء أن يجادل بأن القدرة على تقييم قدراتنا بشكل موضوعي أمر في غاية الأهمية؛ وبدون ذلك، سيكون التحسين مستحيلا، وغرورنا يجعل هذه المهمة صعبة بشكل متزايد في كل منعطف. في حين أنه قد يكون من المريح والممتع التركيز على مواهب الفرد ونقاط قوته بدلاً من ذلك، فإن القيام بذلك لا يؤدي إلا إلى "الرؤية" أو الأوهام أو الانغلاق على الذات أو الغطرسة يغذي بينما النمو تأخير".

في هذه المرحلة، من المهم أن تتدرب على رؤية نفسك من موقف موضوعي، وتنمية الانفصال كترياق للأنا. إن ربط نفسك عاطفيًا بعملك أمر سهل ـ ويمكن لأي نرجسي أن يفعل ذلك؛ ما يميز العمل العظيم هو التواضع والاجتهاد والوعي الذاتي.

يجب أن يعكس عملك الحقيقة حتى يكون له أي معنى أو يكون دائمًا؛ لذلك، لكي تصبح أكثر من مجرد اتجاه قصير المدى، كن مستعدًا للالتزام به على المدى الطويل.

سوف نكتشف أنه على الرغم من أن أهدافنا قد تكون سامية، إلا أنه من أجل تحقيقها يجب علينا أن نعمل ونعيش بشكل أصغر. من خلال إعطاء الأولوية للتعليم على التحقق من الصحة والمكانة، لن يكون طموحنا عظيمًا ولكنه متكرر ـ خطوة بخطوة مع النمو الذي يأتي مع استثمار الوقت.

بفضل عدوانيتهم ووحدتهم وانشغالهم بالذات وترويجهم المستمر لذاتهم، لا يدرك منافسونا في كثير من الأحيان أنهم يعرضون جهودهم للخطر (ناهيك عن سلامتهم العقلية) من خلال الانخراط في سلوك عدواني يقوضهم كأفراد. وكذلك الجهود الجماعية. وسوف نتحدى كلاً من الأساطير: العبقرية الواثقة من نفسها والتي تفتقر إلى الشك أو الاستبطان، وأسطورة الفنانين المتألمين الذين يضحون بصحتهم من أجل العمل؛ حيث يمكن أن يبدو هذان الشخصان منفصلين عن الواقع بينما هما معزولان عن الأشخاص من حولهما ـ من خلال كونهما متصلين بعمق وواعين ويتعلمان من كل شيء حولنا!

اقترح تشرشل بحكمة أن الحقائق تتفوق على الأحلام.

على الرغم من أننا نتشارك مع الكثيرين رؤية العظمة، إلا أن طرقنا إليها تختلف بشكل كبير عن طرق الآخرين. باتباع شيرمان وإيسقراط في رحلاتنا نحو العظمة، نفهم أن الأنا لن تؤدي إلا إلى تفاقم الأمور؛ فالنجاح ينبغي أن يقوينا بدلا من أن يضعفنا.

الفصل الرابع: الحديث الحديث الحديث

أولئك الذين يعرفون لا يتكلمون.

ومن يتحدث لا يملك بالضرورة كل المعلومات ذات الصلة.

--لاو تزو

اتخذ أبتون سنكلير خطوة غير تقليدية خلال حملته الشهيرة عام 1934 لمنصب حاكم ولاية كاليفورنيا: نشر كتابًا قصيرًا بعنوان أنا حاكم كاليفورنيا وكيف أنهيت الفقر كجزء من أدبيات حملته الانتخابية ـ يعرض بالتفصيل جميع السياسات التي تم سنها كحاكم قبل الفوز فعليًا بالمنصب. مكتب المنصب!

استخدم سنكلير هذه الخطوة غير التقليدية من حملته غير التقليدية للاستفادة من الأصول الرئيسية التي يتمتع بها سنكلير كمؤلف: قدرته على التواصل مع الناخبين بشكل مباشر أكثر مما يستطيعه السياسيون الآخرون. وبينما كانت حملته دائمًا بعيدة المنال وبالكاد قابلة للحياة عندما نشروا هذا الكتاب، رأى المراقبون تأثيرها على الفور ـ ليس على الناخبين بل على سنكلير نفسه! كتب كاري ماكويليامز لاحقًا عن محاولة سنكلير لمنصب حاكم الولاية عندما فشلت، "بدا أبتون محبطًا من الحملات الانتخابية لأن مخيلته الحية قد لعبت بالفعل دوره في كونه الحاكم "أنا، حاكم كاليفورنيا"... فلماذا تهتم؟"

كان سنكلير كاتبا غير عادي. لكن حملته فشلت فشلا ذريعا. بعد خسارته أكثر من 10 نقاط مئوية (تم الإدلاء بأكثر من 250 ألف صوت ضده)، تم القضاء على سنكلير بالكامل في ما قد يكون أول انتخابات حديثة. ما حدث واضح تمامًا ـ تحدث سنكلير مبكرًا جدًا قبل أفعاله خلال الحملات الانتخابية وتعثر عزمهم بعد أن تفوق التصور العام بشكل غير متناسب. أصبح كتابه من أكثر الكتب مبيعًا بينما سرعان ما أصبحت الحملات الانتخابية متقدمة جدًا عليهم بحيث لا يستطيع الناخبون فهم ما يقصدونه. يقوم العديد من السياسيين أيضًا بتأليف كتب على هذا النحو للحفاظ على صورتهم العامة محدثة. يحدث بانتظام بما فيه الكفاية.

يواجه كل شخص إغراءات تعرقل التقدم. فالكلام والضجيج يمكن أن يحل محل الإجراءات المتخذة. يسأل Facebook المستخدمين "ما هي أفكارك اليوم؟ أنشئ منشورًا الآن!".

وأقسام التعليقات في المقالات LinkedIn وTumblr يتيح لنا تويتر فرصة الانضمام إلى المحادثة: يقدم لنا تغريدات جديدة لنرسلها التي قرأتها للتو.
يجب ملء المساحات الفارغة بالأفكار والصور والقصص حول ما نخطط للقيام به بعد ذلك وآمالنا ورغباتنا فيما سيأتي. التكنولوجيا تطرح عليك الأسئلة وتحثك وتبدأ الحوار.

دائمًا تقريبًا، يميل أداؤنا على وسائل التواصل الاجتماعي إلى أن يكون إيجابيًا؛ من المرجح أن نقدم وصفًا متفائلًا لوضعنا ومدى سير الأمور لصالحنا والآخرين. لسوء الحظ، نادرًا ما يعكس هذا الواقع ـ أحيانًا يتم إخبارهم أنهم بحاجة إلى المساعدة أو أنهم يعانون أيضًا، وكل الأشياء تحتاج إلى معالجة أو ببساطة تأجيلها جانبًا إلى وقت آخر عندما تكون هناك أمور أكثر إلحاحًا مثل الأمور المالية التي يجب الاهتمام بها.

في بداية أي رحلة، نميل إلى الشعور بالإثارة والتوتر؛ لذلك نسعى إلى الراحة الخارجية بدلاً من البحث في الداخل. يمتلك كل شخص جانبًا غير واعٍ، والذي، مثل النقابات العمالية، قد لا يكون بالضرورة خبيئًا ولكنه

يسعى إلى الحصول على أكبر قدر من الاعتراف العام والاهتمام للقيام بأقل قدر ممكن من العمل ـ هذا هو الجانب الذي نشير إليه باسم "الأنا".

أدركت إميلي جولد ـ هانا هورفاث الحقيقية! ـ هذا خلال كفاحها الذي دام عامين لنشر رواية. على الرغم من أنها تلقت عرضًا بعقد مكون من ستة أرقام، إلا أنها وجدت نفسها عالقة لأنها قضت الكثير من الوقت على الإنترنت.

لقد تم قضاء عام 2010 في الغالب في التغريد والتمرير ـ وهو أمر لم يجلب أي أموال ولكنه بدا وكأنه عمل؛ لا يمكن تبرير عاداتي إلا من خلال مبررات مختلفة، مثل بناء علامتي التجارية أو التدوين (حتى "تنسيق" منشور شخص آخر يعتبر نشاطًا إبداعيًا!). وكان التدوين أيضًا منفذي الوحيد للإبداع

ببساطة، لقد فعلت ما يفعله الكثير منا عندما يواجهون مشاريع شاقة. لقد حاولت كل شيء بخلاف التركيز على ما هو في متناول اليد. لمدة عام كامل . الرواية الفعلية التي كانت بحاجة إلى الكتابة لم تكتمل كما أعربت عن أسفها، كان من الأسهل عليها التحدث عن الكتابة بدلاً من ارتكاب الفعل نفسه. ولم تكن الوحيدة: فقد نشر أحدهم مؤخرًا كتابًا بعنوان "العمل على روايتي" والذي أظهر منشورات على وسائل التواصل الاجتماعي لمؤلفين من الواضح أنهم لا يعملون على رواياتهم.

الكتابة يمكن أن تكون صعبة. مثل العديد من الأعمال الإبداعية، فإنه غالبًا ما يتركنا محبطين وغاضبين من أنفسنا وما يبدو أنه مادة غير مكتملة أو غير كافية. تتطلب العديد من المساعي الجديرة بالاهتمام التي نبدأها الصبر والاجتهاد ـ بدءًا من بدء أعمال تجارية جديدة وحتى إتقان حرف معينة ـ ولكن الحديث سهل ويبدو دائمًا أنه يستحق القيام به.

يبدو أن مجتمعنا يعتقد أن الصمت هو علامة ضعف، وأن التجاهل يعني الموت لغرورنا، لذلك نتحدث ونتحدث باستمرار كما لو كان الصمت شيئًا سيئًا أو غير مقبول. لذا، بدلاً من ذلك، فإننا نتحدث دون توقف كما لو أن الصمت يعني إظهار الضعف أو التجاهل يعني الموت (وهو أمر غالبًا ما يثبت صحته بالنسبة للأفراد). ولذلك فإننا ننخرط في خطاب لا نهاية له وكأن الصمت يظهر ضعفًا أو يعتبره المجتمع ككل ضعيفًا. وكما حذر كيركجارد في أحد أعماله الفلسفية (ومن عجيب المفارقات أنه لم يعجبه بشدة: الصحف وثرثرتها)، فإن مجرد القيل والقال يؤدي إلى مناقشة حقيقية في حين أن التحدث بصوت عالٍ عما لم يُقال يمنع اتخاذ أي إجراء ويضعفها بشكل أكبر.

يمكن أن يكون الحديث مغريًا بشكل ماكر: يمكن لأي شخص، بما في ذلك الأطفال، التعبير عن أفكاره؛ معظم الناس ماهرون في أساليب الضجيج والمبيعات؛ ما هو غير شائع ولكنه أكثر ندرة هو الصمت: القدرة على البقاء بعيدًا عن المحادثة عمدًا مع البقاء دون التحقق من صحتها؛ الصمت يمكن أن يوفر الراحة التي لا يمكن الوصول إليها إلا للأفراد الواثقين والأقوياء.

مارس شيرمان ما كان يبشر به: لا تقدم أبدًا أسبابًا لما تفكر فيه أو تفعله إلا عند الضرورة القصوى؛ قد تجد تفسيرات أفضل في الوقت المناسب." حدد أسطورة البيسبول وكرة القدم بو جاكسون هدفين كرياضي من أوبورن أراد تحقيقه: الفوز بكأس هيزمان والحصول على المركز الأول بشكل عام في مسودة اتحاد كرة القدم الأميركي. من أخبر عن ذلك؟ صديقته وحدها.

إن المرونة الاستراتيجية ليست الميزة الوحيدة التي يمكن اكتسابها من التزام الصمت عندما يتحدث الآخرون. ويلعب علم النفس أيضًا دورًا مهمًا، وهو ما فهمه هسيود بوضوح عندما قال: "أعظم كنز للإنسان يكمن في لسان اقتصادي".

الحديث يستنزفنا. الحديث والفعل يتنافسان على الموارد المحدودة. تكشف الدراسات أنه على الرغم من أن تصور الهدف يمكن أن يكون مفيدًا، إلا أنه بمرور الوقت يبدأ أذهاننا في الخلط بينه وبين التقدم الحقيقي. لقد ثبت أيضًا أن التعبير اللفظي عن المشكلات الصعبة يقلل من الرؤية والاختراقات بشكل كبير؛ بعد قضاء الكثير من الوقت في التفكير والشرح ومناقشة مهمة ما، قد نشعر أننا أحرزنا بعض التقدم؛ عندما تصبح الأمور صعبة، نشعر كما لو أننا لم نقدم أي شيء بأفضل ما لدينا في حين أننا في الواقع لم نفعل ذلك بعد!

إن المهام الأكثر تحديا، والنتائج الأكثر غموضا، والأحاديث الأكثر تكلفة، ستصبح كلما ابتعدنا عن المساءلة الفعلية. لقد استنزفنا الحديث الطاقة اللازمة لمعالجة ما يسميه ستيفن بريسفيلد "المقاومة"، أو الحاجز الذي يقف في طريق تعبيرنا الإبداعي. يتطلب النجاح منا جهدًا بنسبة 100% ـ لكن الحديث قد يؤدي إلى تآكل بعض منه قبل أن تتحقق قيمته الكاملة.

يستسلم الكثير منا للإغراء عندما نشعر بالإرهاق أو التوتر أو عندما يكون لدينا الكثير من العمل على أطباقنا. من المرجح أن تصبح المقاومة مصدرًا دائمًا للصعوبة أثناء مرحلة البناء؛ التحدث من خلال القضايا قد يساعد
إن التحدث بصوت عالٍ والأداء أمام الجمهور ـ حتى لو كنا نعتقد أننا لا نحتاج إلى العلاج ـ يكاد يكون علاجًا. قضيت أربع ساعات أتحدث عن شيء ما؛ لا هذا الاعتماد على أي شيء؟ لا.

فكر في هذا: صوت الجيل لا يسمي نفسه كذلك؛ ومع ذلك، عندما تلقي نظرة فاحصة، ستدرك مدى قلة هذه الأصوات التي تتحدث في أي مجال واحد ـ سواء كان ذلك الموسيقى أو الخطب أو الكتب ـ ومع ذلك يتم تسليم رسائلها المؤثرة بشكل كبير من خلال هذه الوسائط.

إنهم يعملون بهدوء في الزاوية، ويوجهون الاضطرابات الداخلية إلى المنتج ـ وفي النهاية إلى السكون. إنهم يقاومون أي حوافز للحصول على الاعتراف قبل التصرف؛ أو تشعر كما لو أن الآخرين، في الأماكن العامة ويتمتعون بمزيد من الاهتمام، يحصلون على صفقة غير عادلة (وهو ما لا يحدث لهم). عندما يتحدثون فهو مكتسب.

العمل والمحادثة لا يختلطان؛ سوف يطغى أحدهما دائمًا على الآخر. اسمح لمن حولك بمناقشة بعضهم البعض أثناء عودتك إلى مختبرك أو مكتبك.

لا يهم إذا كان ذلك في صالة الألعاب الرياضية أو ضرب الرصيف. سد تلك الفتحة ـ تلك الموجودة في منتصف وجهك مباشرة والتي يمكن أن تستنزف الطاقة الحيوية بعيدًا ـ وشاهد ما يحدث وكيف تصبح الأشياء أفضل لنفسك.

الفصل الخامس: هل يجب أن نكون أم نفعل؟

في مهدها، تظل الروح نقية وخالية من الصراع مع بيئتها. مثل كتلة من رخام باريان غير المقطوع تنتظر أن يتم تحويلها، فإن إمكاناتها تكمن دون أن تمس وجاهزة للتشكيل إلى ـ ماذا؟

كان أحد الاستراتيجيين والممارسين الأكثر تأثيرًا في الحرب الحديثة ORION SWETT MARDEN-- غير معروف في يوم من الأيام: جون بويد.

لم يكن طيارًا مقاتلًا ممتازًا فحسب، بل كان أيضًا مدرسًا ومفكرًا استثنائيًا. بعد الطيران في كوريا، انضم إلى مدرسة النخبة للأسلحة المقاتلة في قاعدة نيليس الجوية كمدرب رئيسي لها ـ وأصبح يُعرف باسم "البويد الثاني والأربعون"، مما يعني أنه يمكنه هزيمة أي خصم من أي موقع في غضون 40 ثانية من حدوث أي صراع. وفي وقت لاحق تم استدعاؤه سراً للعمل في البنتاغون حيث بدأ عمله الحقيقي.

قد يكون جون بويد غير معروف للكثيرين، وهو أمر ليس مفاجئًا تمامًا نظرًا لأنه لم ينشر أي كتب مطلقًا ولم ينشر سوى بحث أكاديمي واحد؛ لم يتبق سوى عدد قليل من مقاطع الفيديو ونادرًا ما يتم اقتباسها في المقالات الإعلامية؛ حتى بعد ما يقرب من ثلاثين عامًا من الخدمة التي لا تشوبها شائبة، لم تتم ترقيته إلى ما بعد رتبة عقيد.

من ناحية أخرى، أحدثت نظرياته ثورة في حرب المناورة في كل فرع من فروع القوات المسلحة تقريبًا خلال حياته وبعد فترة طويلة. وشملت مشاريعه المفضلة إعادة اختراع الطائرات العسكرية الحديثة بطائرات F-15 وF-16. مقاتلة من طراز ؛ أصبحت هذه الطائرات آلات عسكرية مميزة. جاء تأثيره الأساسي كمستشار من خلال الإحاطات الأسطورية قام بتدريس وتعليم كل مفكر عسكري كبير تقريبًا من جيل أو آخر. جاءت مساهماته في عملية درع الصحراء من خلال اجتماعات مباشرة مع وزير الدفاع وليس من خلال قنوات السياسة الرسمية. تم إحداث التغيير من خلال التلاميذ الذين قام بتوجيههم أو حمايتهم أو تعليمهم أو إلهامهم.

تقاعد دون أن يتوقع أن يتذكره أحد. ولم يتبق سوى شقة متواضعة ومعاش تقاعدي كإرث له. من المحتمل أن يكون هناك أعداء أكثر من الحلفاء في مرحلة ما. ربما تم اختيار هذا المسار غير المتوقع عمدا؟ ماذا لو أن هذه الرحلة غير العادية ساعدت بالفعل في تعزيز قوته الشخصية؟
ما مدى جنون ذلك؟

كان بويد يعيش ببساطة ما علمه لكل طالب شاب واعد تحت جناحه وأظهر وعدًا: إذا أرادوا تحقيق شيء خاص أو غير عادي. لا شك أن هؤلاء النجوم الصاعدين لديهم الكثير من القواسم المشتركة معنا اليوم.

لقد أوضح بويد ذلك تمامًا عندما ألقى خطابًا أمام أحد أتباعه في عام 1973. وإدراكًا لنقطة التحول الحاسمة في حياتهم، دعاهم إلى اجتماع ـ مثل العديد من المتفوقين، كان الضابط الشاب غير آمن وقابل للتأثر ـ ويريد الترقية وفي نفس الوقت يسعى جاهدا لتقديم أفضل أعماله؛ أدرك بويد نقطة الضعف المحتملة لتلميذه، وبالتالي ألقى ما أصبح تقليدًا ـ إلقاء خطاب أصبح طقوس العبور لأجيال من القادة العسكريين.

حذره بويد قائلاً: "تايجر، في يوم من الأيام سوف تصل إلى مفترق الطريق، وعليك أن تقرر الاتجاه الذي ترغب في السفر إليه. ثم أظهر بويد ذلك باستخدام يديه للإشارة إلى خيارين وإظهار الاختلافات بين تايجر.

إذا إنهم يختارون خيارًا واحدًا على الآخر، ويمكنهم أن يصبحوا شيئًا أعظم إذا اختاروا هذا الطريق." "حاول أن تسلك هذا الطريق بدلاً من ذلك ـ فهذا الطريق قد يؤدي إلى فرص أكبر!" اقترح مع التركيز. وأوضح بويد قبل أن يتوقف ليرسم مسارًا بديلاً للمضي قدمًا: "لكي تصبح جزءًا من هذا النادي وتحصل على ترقية وتحصل على مهام جيدة، يجب تقديم تنازلات وقد يلزم التخلص من الأصدقاء". واقترح قائلاً: "بدلاً من ذلك، يمكنك اختيار مسار آخر واتخاذ الإجراء الذي يهم ـ شيء لبلدك والقوات الجوية ونفسك. من خلال القيام بشيء بناء بدلاً من الجلوس في انتظار الحصول على ترقية أو تكليف بمهام مفضلة من قبل رؤسائك، فإنك "قد لا يتم ملاحظة الجهود المبذولة بهذه السرعة ـ إلا أنها قد تُحدث فرقًا لنفسك وللآخرين. غالبًا ما تقدم لك الحياة خيارات؛ اختر بين أن تكون شخصًا ما أو تُحدث فرقًا مؤثرًا من خلال عملك".

أنهى بويد كلمته بتقديم كلمات حكيمة من شأنها أن ترشد هذا الشاب والعديد من أقرانه طوال حياتهم: "أن تكون أو تفعل؟ ما هو الطريق الذي ستسلكه؟"

وسرعان ما يتطفل الواقع على توقعاتنا الشبابية المثالية في الحياة، سواء في شكل حوافز، أو التزامات، أو اعتراف، أو سياسة ـ فكلها قادرة على تحويل انتباهنا بسرعة من الفعل إلى الوجود. من الكسب إلى التظاهر مع غرورنا الذي يغذي هذا الخداع في كل خطوة على الطريق. ولهذا السبب أراد بويد أن يفهم الشباب أننا إذا لم نكن حذرين فإننا نجازف بأن نصبح مستهلكين في هذه الحقائق التي تهدد بتغيير جهودنا الرامية إلى تحقيق الأهداف وتعريضها للخطر بالكامل.
باعتبارنا محترفين في أي مهنة، قد يكون من السهل جدًا أن نصبح فاسدين بسبب ما ينبغي أن يكون واجبنا الأساسي في الخدمة.

كيف يمكنك تجنب الانحراف؟ لسوء الحظ، غالبًا ما نقع في حب صورة النجاح التي يمكن أن تخرجنا عن مسارها بسهولة ـ في عالم بويد، قد يعني هذا الخلط بين عدد النجوم الموجودة على كتفك والإنجاز الحقيقي. وفي أحيان أخرى يمكن أن يكون شيئًا مثل المسمى الوظيفي أو كلية إدارة الأعمال التي التحقت بها كمؤشرات للإنجازات الفعلية؛ يمكن لأشخاص آخرين مشاهدة المنح المستلمة أو الوصول الممنوح للرؤساء التنفيذيين أو حتى مجرد عدد المعجبين كمؤشرات.

المظاهر يمكن أن تكون خادعة. إن امتلاك السلطة لا يعني أن تكون واحدًا في الواقع؛ امتلاك الحقوق لا يضمن أن تكون على حق؛ لا تشير الترقية إلى أنك تؤدي عملاً عالي الجودة؛ وبدلاً من ذلك، يمكن ببساطة اعتباره فاشلاً في بعض البيروقراطيات؛ إن إقناع الناس يختلف كثيرًا عن إبهارهم حقًا.

مع من تقف وأي جانب ستدعم؟ تقدم لنا الحياة العديد من الخيارات ويجب اتخاذ هذا القرار.

أجرى بويد تمرينًا آخر عند زيارته أو التحدث إلى مجموعات من ضباط القوات الجوية: كان يكتب على السبورة بأحرف كبيرة الكلمات "الواجب" و"الشرف" و"البلد" قبل الكتابة المتقاطعة واستبدالها بثلاث كلمات أخرى: "الفخر" و"القوة" و"الجشع" كتوضيح. أن العديد من الأنظمة والهياكل داخل الجيش التي يتنقل فيها الجنود يمكن أن تفسد القيم ذاتها التي وضعوا أنفسهم لدعمها ـ قال المؤرخ ويل ديورانت ذات مرة ساخرًا إن الدول تميل إلى أن تصبح "رواقية وتموت أبيقورية"، وهو الأمر الذي أوضحه بويد بشكل بياني من خلال تدوين ما كانت عليه. في الأصل الفضائل الإيجابية تتحول إلى سيئة مع مرور الوقت.

ألم نشهد هذا الأمر بشكل متكرر في حياتنا ـ في الرياضة أو العلاقات أو المشاريع أو الأشخاص الذين نهتم بهم بشدة؟ هذه هي الطريقة التي تعمل بها الأنا: من خلال تقليص ما يهم حقًا لصالح ما لا يهم.

يريد الناس تغيير العالم، وهو أمر مثير للإعجاب. يجب أن تهدف إلى أن تصبح الأفضل في ما تفعله؛ لا أحد يريد أن يكون مجرد حشو. لكن أي من كلمات بويد الثلاث الموجودة على السبورة ستوصلك إلى هناك؟ ما الذي تمارسه الآن وما الذي يغذيك؟

يقدم لنا بويد قرارًا مهمًا. يمكن أن يوفر الغرض نظرة ثاقبة للإجابة على سؤال "أن تكون أو تفعل؟" بسهولة. إذا كان ما يهم هو أنت ـ سمعتك، واندماجك، وراحتك الشخصية ـ فيجب أن يكون واضحًا أن إخبار الناس بما يريدون سماعه، وجذب الانتباه إلى العمل الهادئ وقبول الترقيات هي وسائل ضرورية للأشخاص الناجحين في المجتمع لتطوير أنفسهم. والتقدم أكثر على طول حياتهم المهنية هو الطريق إلى الأمام.
ادفع مستحقاتك وأكمل المهام وخصص وقتك، لكن اترك الأمور في الأساس كما هي. حقق الشهرة والراتب واللقب عند ظهورها ـ استمتع بها عند وصولها.

لاحظ فريدريك دوغلاس ذات مرة أن "الإنسان يتأثر بما يعمل عليه"، وهو شيء كان يعرفه بشكل مباشر باعتباره عبدًا سابقًا. ومع ذلك، بمجرد أن أصبح حرًا، رأى كيف أن الاختيارات التي يتخذها الناس بشأن المهن والحياة لها نتائج مماثلة على أنفسهم ـ فكل من الاختيارات المستندة إلى الوقت وكذلك الاختيارات المدفوعة ماليًا كان لها تأثيرها عليهم ـ بما في ذلك التنازلات التي تم إجراؤها على طول المسار الأناني؛ الأمر الذي يتطلب العديد من التنازلات من قبل بويد نفسه.

عندما يكون هدفك أكبر من نفسك ـ لإنجاز شيء ما أو إثبات شيء ما ـ يصبح كل شيء أسهل وأصعب. أسهل لأنك الآن تعرف بالضبط ما يجب القيام به والأنشطة التي تهمك؛ "الخيارات" الأخرى لم تعد تبدو ذات صلة كمشتتات؛ العمل مجز أكثر من التقدير؛ لا حاجة للتنازلات. يجب تقييم كل فرصة وفقًا لمبادئ توجيهية محددة مثل: هل يساعدني هذا في تحقيق ما أخطط لتحقيقه؟ هل يمكن أن يسمح لي هذا بالوفاء بما يجب إنجازه؛ هل أكون غير أناني أو أناني عند إجراء مثل هذه التقييمات؟

تتناول هذه الدورة أكثر من مجرد من سأصبح، بل تتناول "ما الذي أسعى لتحقيقه في الحياة؟"، مع وضع الرغبات والأسئلة الفردية جانبًا مثل، ما هو الغرض الذي أخدمه من خلال اختياراتي؟ هل أرغب في التوافق أو التميز؟ هل أسعى للحصول على تجربة أصيلة أم شيء فريد تمامًا؟

بمعنى آخر، قد يكون من الصعب اتخاذ الخيارات لأن كل شيء يمكن أن يبدو وكأنه حل وسط. على الرغم من أنه لم يفت الأوان أبدًا لمعالجة هذه الأسئلة في وقت مبكر، كلما كان ذلك أفضل.

كان بويد بلا شك أعظم المؤثرين والمبتكرين منذ صن تزو وفون كلاوزفيتز لتغيير مجاله وتعزيزه، وأصبح معروفًا باسم جنكيز جون لأنه لم يسمح أبدًا للعقبات أو المعارضين بمنعه من تنفيذ ما يجب القيام به على الرغم من أي معارضة أو مقاومة ـ ولكن ليس دون تكلفة؛ فضلا عن أنه أصبح معروفا باسم عقيد الغيتو بسبب أسلوب حياته المقتصد. عند وفاته، ترك الآلاف من شيكات النفقات غير النقدية من مقاولين من القطاع الخاص يعتقد أنهم يمثلون رشاوى. ولسوء الحظ، وعلى الرغم من هذا العمل الرائع الذي أنجزه، إلا أن التاريخ نسيه عقاباً له على ما أنجزه وإسهاماته.

خذ هذا في الاعتبار في المرة القادمة التي تشعر فيها أنك مستحق، عندما تبدو شهرتك والحلم الأمريكي لا ينفصلان عن بعضهما البعض، وفكر في الطريقة التي قد ينظر بها إليك رجل عظيم

فكر في هذه الأسئلة عندما تواجه أي قرار: هل أحتاج حقًا إلى هذا أم أن الأمر يتعلق فقط بكبريائي؟ هل اتخذت أفضل قرار ممكن، أم أن الجوائز ما زالت تلوح من بعيد؟

فكر في هذه الأسئلة عندما تواجه أي قرار: هل أحتاج حقًا إلى هذا أم أن الأمر يتعلق فقط بكبريائي؟ هل اتخذت أفضل قرار ممكن، أم أن الجوائز ما زالت تلوح من بعيد؟

الفصل السادس: أن تصبح طالبًا

لا تدع روح أي شخص تخبرك أن تدريبي خذلني.

قم بتسجيل الدخول باستخدام أكاديمية تدريب إدارة الإطفاء في نيويورك

في أحد أيام أبريل في أوائل الثمانينيات، كان كابوسًا لأحد عازفي الجيتار ووظيفة أحلام آخر: اجتمع أعضاء فرقة ميتاليكا ميتاليكا فجأة قبل جلسة تسجيل مخطط لها في مستودع متهالك في نيويورك وأبلغوا ديف موستين أنه سيتم طرده، وسلموه حقيبته. تمر الحافلة دون مزيد من التوضيح.

تذاكر العودة من سان فرانسيسكو.

لشغل هذا المنصب. مع عدم وجود وقت للتكيف أو Exodus في نفس اليوم، تم اختيار كيرك هاميت من فرقة Metal Church التخطيط للمستقبل، جاء ظهوره الأول كجزء من بعد أيام فقط!

يمكن للمرء أن يفترض بسهولة أن هذه كانت اللحظة التي كان هاميت ينتظرها طوال حياته، وقد كانت كذلك معروفًا إلا في دوائر صغيرة في هذا الوقت، ولكنه بدأ بالفعل في تجاوز Metallica بالفعل. لم يكن فريق حدود موسيقى ثراش ميتال بأغانيه الرائدة؛ بدأت قاعدة المعجبين بهم تنمو بشكل كبير خلال سنوات فقط؛ بيع في النهاية أكثر من 100 مليون ألبوم حول العالم!

في هذا الوقت تقريبًا، شهد كيرك ما كان بمثابة اكتشاف عميق: أن السنوات التي قضاها في العزف لم تكن وعرض العضوية عليه. Metallica على المستوى المطلوب على الرغم من مطالبته بالانضمام إلى فريق لذلك عندما عاد إلى منزله في سان فرانسيسكو بحث عن مدرس غيتار. بمعنى آخر، على الرغم من انضمامه إلى مجموعة أحلامه وتحوله إلى الاحتراف؛ أصر كيرك على أنه لا يزال بحاجة إلى مزيد من التعليمات على ومن المثير للاهتمام أنه سعى للحصول على شخص معروف Metallica. الرغم من انضمامه إلى فريق بالعمل مع المعجزات الموسيقية مثل ستيف فاي.

تم اختيار جو ساترياني من قبل هاميت ليكون معلمه وسيصبح واحدًا من أعظم عازفي الجيتار على الإطلاق ويبيع أكثر من 10 ملايين سجل بعلامته الموسيقية الفريدة. درس في مدرسة موسيقية صغيرة. أسلوب لعب ساترياني غير المعتاد جعله اختيارًا غير متوقع لهاميت. ومع ذلك، كانت هذه هي النقطة بالضبط ـ كان كيرك بحاجة إلى تعلم ما لم يعرفه كجزء من هدفه لاستكشاف هذا النوع الجديد من الموسيقى الذي أتيحت له الآن الفرصة لمتابعته.

يوضح ساترياني ما ينقص هاميت، فهو لم يكن الموهبة. "كان كيرك بالفعل عازف جيتار استثنائيًا عندما وصل. كان يعرف معظم أوتاره ويمكن أن يمزقها عندما وصل؛ ولسوء الحظ لم يتعلم الأسماء والاتصالات أبدًا."

وأوضح ساترياني أن هاميت برز بين أقرانه بسبب استعداده لتحمل دروس أصعب لم يكن يقبلها من معلمين آخرين: "لقد كان طالبًا استثنائيًا ـ وكان العديد من معاصريه يغادرون المدرسة غاضبين لأنني كنت معلمًا إمكثفًا!

كان نظام ساترياني واضحا ومباشرا: ستكون هناك دروس أسبوعية يجب فهمها، وإذا فشل هاميت في الاستفادة منها، فيتعين عليها أن تتخلى عنها وألا تكلف نفسها عناء العودة. اتبع كيرك متطلبات ساترياني على مدار عامين، وكان يعود كل أسبوع للحصول على التعليقات والتقييم والتدرب على آلة موسيقية كان سيعزف عليها قريبًا أمام الآلاف، ثم عشرات الآلاف، وفي النهاية مئات الآلاف من الأشخاص. بعد انتهاء فترة دراسته التي استمرت عامين، كان يقدم لساترياني أي لعقات ونغمات جديدة كان يعمل عليها مع الفرقة ويتعلم كيفية تقليل غريزته للمزيد، وفعل المزيد باستخدام نغمات أقل والتركيز أكثر على الشعور بتلك الملاحظات قبل التعبير عنها وفقًا لذلك ـ يتحسن دائمًا كفنان ولاعب على حد سواء. في كل مرة حدث هذا كان يخطو خطوات كبيرة كلاعب وفنان.

كونك طالبًا لا يعني مجرد تلقي التعليمات؛ كما أنه يضع غروره وطموحه في أيدي شخص آخر. هناك سقف للأنا مفروض، حيث يدرك المرء أنه لا يستطيع التفوق على أولئك الذين يتدربون تحت إشرافهم أو خداعهم؛ أنت تذعن لهم، وتخضع لهم، ولا يقبل أي تزييف لأنه لا يمكن "اختراق" التعليم، ولا توجد طرق مختصرة؛ وإلا فإنهم يسقطونك.

كبشر، نحن لا نحب أن يتم تذكيرنا بأن شخصًا ما أفضل منا أو أنه لا يزال هناك الكثير الذي نحتاج إلى تعلمه. نريد أن يكون عملنا كاملاً وحياتنا تفيض. نظرًا لأن قبول ذلك قد يكون أمرًا صعبًا، فإن تحديث تقييمك للمواهب في الاتجاه التنازلي غالبًا ما يُنظر إليه على أنه جزء من الإتقان؛ ومع ذلك فإن التظاهر بالمعرفة يظل التهديد الأكبر الذي يواجهنا.
يمكن أن يكون الغضب رذيلة خطيرة، ويمنعنا من التحسن. يمكن للتقييم الذاتي أن يوفر ترياقًا حاسمًا.

ومن اللافت للنظر أن هاميت أصبح واحدًا من أعظم عازفي الجيتار الميتال على الإطلاق، وقام بتحويل موسيقى الثراش ميتال من حركة تحت الأرض إلى نوع موسيقي راسخ في جميع أنحاء العالم. بالإضافة إلى ذلك، ساعدته دروس ساترياني على صقل أسلوبه الخاص ليصبح أفضل؛ كلاهما سيستمر في ملء الملاعب مع إحداث ثورة في المشهد الموسيقي.

يستخدم فرانك شامروك، أحد الرواد الأوائل والبطل المتعدد الألقاب للفنون القتالية المختلطة، منهجًا يُعرف باسم "زائد وناقص ومتساوي". ووفقا له، لكي يصبح أي مقاتل عظيما، فإنه يحتاج إلى شخص متفوق يمكنه التعلم منه؛ شخص أقل يمكنه المساعدة في تعليمهم؛ وخصمًا متساويًا يمكنهم التنافس معه واختبار أنفسهم ضده.

إن صيغة شامروك للنجاح واضحة ومباشرة: تلقي تعليقات حقيقية ومستمرة حول ما يعرفونه وما لا يعرفونه من كل زاوية. ومن خلال القيام بذلك، فإن الهدف بسيط: التخلص من أي أنانية أو خوف أو كسل قد يعيق تعلمنا، بالإضافة إلى أي كسل قد يجعلنا نرغب في المضي قدمًا دون اتخاذ خطوات نحو التحسين. وكما لاحظ شامروك: الأفكار الخاطئة عن أنفسنا تدمرنا؛ إن البقاء متواضعًا هو ما تعنيه فنون الدفاع عن النفس: فقط ضع نفسك تحت شخص تثق به." للبدء في استخدام هذا النهج بنجاح يتطلب قبول أن الآخرين يعرفون أكثر منا حتى تتمكن من الاستفادة من معرفتهم بينما تسعى بهم بنشاط مع تبديد أي أوهام. نحن نحمل عن أنفسنا.

العقلية الأكاديمية لا تقتصر على القتال أو الموسيقى؛ يحتاج العلماء والفلاسفة والفلاسفة مثل سقراط إلى عقلية الطالب من أجل معرفة المبادئ العلمية الأساسية وكذلك التطورات التي تحدث في الطليعة. يجب على الكتاب أن يعرفوا القواعد بينما يواجهون تحديًا من قبل الكتاب المعاصرين أيضًا. يحتاج المؤرخون إلى

معرفة شاملة بالتاريخ القديم والحديث بالإضافة إلى مجال تخصصهم؛ غالبًا ما يستعين الرياضيون المحترفون بالمدربين بينما يستخدم السياسيون الأقوياء المستشارين أو الموجهين.

لماذا؟ لكي يصبح الناس عظماء ويظلوا كذلك، يحتاجون إلى معرفة شاملة بما حدث قبلهم، وما يحدث الآن، وما ينتظرهم في المستقبل. ويجب عليهم أن يستوعبوا العناصر الأساسية لمجالهم دون أن يصابوا بالركود بمرور الوقت ـ وأن يسعوا دائمًا للتعلم. يجب أن يصبح جميع الأفراد معلمين ومعلمين ونقادًا لأنفسهم.

تخيل ما كان يمكن أن يفعله هاميت؛ أو ماذا يمكننا أن نفعل إذا وجدنا أنفسنا فجأة نجوم موسيقى الروك في أي مجال. إن الإغراء موجود أمامنا جميعًا: "لقد نجحت! لقد وصلت! لقد قرروا عليّ لأن الرجل الآخر لم يكن بنفس الكفاءة. لو أنهم اختاروا شخصًا آخر بدلاً مني، ربما لم تكن الفرقة قد نجحت أبدًا؛ هناك بالفعل الكثير من فرق الميتال المنسية من الثمانينات!"

يتصرف الطالب الفعال مثل الإسفنجة: فهو يستوعب كل ما يحيط به ويصفيه حسب الحاجة قبل أن يلتصق بكل ما يمكنه فهمه. المتعلم الحقيقي ينتقد نفسه ولديه دوافع ذاتية، ويحاول دائمًا تحسين فهمه حتى يتمكن من الانتقال إلى مواضيع وتحديات جديدة بسهولة أكبر. إن المتعلم الحقيقي يعمل أيضًا كمعلم وناقد لنفسه، ولا مجال للأنانية المتفاخرة في أي من الدورين.

فكر مرة أخرى في القتال كمثال حيث يكون الوعي الذاتي أمرًا بالغ الأهمية بشكل خاص؛ يحاول المعارضون باستمرار التوفيق بين القوة والضعف. بدون التعلم والممارسة اليومية، والبحث المستمر عن مجالات التحسين، وتحديد أوجه القصور الخاصة به واستعارة التقنيات من أقرانه وخصومه على حد سواء، سيتم كسر المقاتل وهزيمته بسرعة.

هل نحن حقا نختلف كثيرا عن بعضنا البعض؟ بالتأكيد لا، ألسنا جميعاً نقاتل من أجل أو ضد شيء ما؟ هل تعتقد أنك وحدك في السعي لتحقيق هدفك؟ بالتأكيد لا ـ لا أستطيع أن أصدق أنك تصل إلى هذا الخاتم النحاسي بمفردك!

غالبًا ما يجد الناس أنه من المدهش مدى تواضع المنجزين العظماء. قد يتساءل الناس لماذا لم يكن هؤلاء الأفراد عدوانيين أو مؤهلين؛ ألا يدركون عظمتهم ومصيرهم؟ حسنًا، الحقيقة هي أنه على الرغم من أن هؤلاء العظماء الطموحين كانوا واثقين من أنفسهم، إلا أن كونهم متعلمين دائمين جعلهم ثابتين على الواقع ومتواضعين.

يقول إبكتيتوس إنه من المستحيل أن نتعلم ما نمتلكه بالفعل." لن تتعلم إذا كنت تعتقد أنك تعرف بالفعل؛ علاوة على ذلك، فإن الكثير من الثقة قد تمنعنا من طرح الأسئلة الضرورية التي من شأنها أن تكشف عن الإجابات وتحسن الأداء؛ فالتحسن يتطلب التساؤل بدلاً من الثقة بالنفس والتفكير في أنك تعرف كل شيء بالفعل، وينصحنا إبيكتيتوس بعدم التفكير في أننا نعرف كل شيء عن شيء ما قبل البدء في متابعة دراسته بشكل أكبر.

تتطلب الحياة منا أن يكون لدينا القدرة على تلقي ردود الفعل بجميع أشكالها ـ وخاصة التعليقات القاسية والانتقادية. لا يجب علينا قبول التعليقات القاسية فحسب، بل يجب علينا أن نطلبها بنشاط؛ ابحث عن التعليقات السلبية حتى عندما يخبرنا أصدقاؤنا وعائلتنا وعقولنا بأننا نقوم بعمل رائع. لكن الأنا سوف تقاوم مثل هذه

النصيحة عند كل منعطف: فهم يعتقدون بالفعل أنهم يعرفوننا من الداخل إلى الخارج؛ معتقدين أننا عباقرة رائعون ومثاليون يتمتعون بمهارات ابتكارية لا مثيل لها ويفضلون تقييمهم الخاص على الواقع.

يمكن للأنا أن تمنع الحضانة الصحيحة للأفكار؛ لكي نصبح ما نأمل أن نصبح عليه في النهاية، غالبًا ما يستغرق الأمر سنوات من الصراع مع موضوعات أو مفارقات محددة. التواضع يبقينا ثابتين بينما نسعى لتحقيق النمو.
تصر الأنا على أننا لا نعرف ما يكفي ويجب علينا مواصلة الدراسة، بينما يرى احترام الذات أن الصبر ضعف ويعتقد أن لدينا ما يلزم لإعطاء مواهبنا فرصتها المناسبة في العالم.

بينما نثبت عملنا، أو نستعد لتقديم أول عرض تقديمي لنا، أو نفتح متجرنا الأول، أو نواجه جمهورًا لإجراء بروفة، يمكن أن تصبح غرورنا عدوًا لنا ـ حيث تقدم لنا ردود فعل كاذبة تنفصل عن الواقع ولا تخدم إلا لتكون دفاعيًا عندما عندما ضروري. إنه يمنعنا من النمو من خلال إخبارنا بعدم التحسن؛ ثم عندما لا تأتي النتائج كما هو متوقع أو يبدو النجاح سريع الزوال، نتساءل لماذا يبدو الآخرون أفضل ولماذا يستمر نجاحهم لفترة أطول من نجاحنا.

الآن أكثر من أي وقت مضى، أصبحت الكتب والدورات التدريبية ميسورة التكلفة وأصبح الوصول إلى المعلمين أسهل من أي وقت مضى بفضل التكنولوجيا. ليس هناك أي عذر لعدم الحصول على التعليم وثروة المعلومات التي نمتلكها تجعل هذه الرحلة رحلة لا نهاية لها.

لا يتكون المعلمون في الحياة فقط من أولئك الذين ندفع لهم رواتبهم مباشرة، مثلما دفع هاميت لساترياني، ولا بالضرورة جزء من بعض تدريبات الدوجو مثل دوجو شامروك. العديد من أفضل المعلمين مجانيون ـ متطوعين شاركوا أهدافك ذات مرة عندما كنت شابًا تمامًا كما تفعل الآن؛ قد لا يدرك الكثيرون أنهم يقومون بالتدريس؛ قد يكونون ببساطة بمثابة أمثلة أو شخصيات تاريخية تستمر في تقديم الدروس من خلال الكتب والمقالات التي نقرأها اليوم؛ لسوء الحظ، قد تجعلنا غرورنا في بعض الأحيان عدائيين للغاية تجاه النقد، مما يؤدي إلى إبعاد هؤلاء المعلمين أو وضعهم بعيدًا عن متناولنا.

ولهذا يقول المثل القديم: "عندما يكون الطالب جاهزا، يظهر المعلم".

الفصل السابع: لا تتحمس

يبدو أن العديد من الشباب يتوقون إلى "الحياة مقابل الحياة"، وهي الرغبة والإثارة التي تدفع العديد من الشباب إلى إرضاء والتفوق في أي مجال قد يجدون أنفسهم فيه. بدون الشغف لتصبح عظيمًا ـ الأمر الذي قد يستغرق سنوات ودموعًا ـ من المحتمل أنك لن تصبح شخصًا بارزًا أبدًا.

العاطفة..هذا هو كل ما هناك! اكتشف ما يخصك، وعشه بالكامل، وألهم العالم به.

والعديد من الأحداث SXSWو TED بحثًا عن العاطفة. ويحضر آخرون Burning Man يتدفق الناس على والخلوات الأخرى التي تروج لها باعتبارها القوة الدافعة للحياة.

وهنا شيء ربما لم يخبرك به هؤلاء الأشخاص أنفسهم: يمكن أن يعيقك شغفك عن السلطة أو التأثير أو الإنجاز. في كثير من الأحيان نحاول جاهدين ولكننا نفشل في النهاية نظرًا لكون الشغف عاملاً كبيرًا في حياتنا.

في مرحلة مبكرة من حياة إليانور روزفلت السياسية، علق أحد الأشخاص على "اهتمامها العاطفي" بالتشريعات الاجتماعية. في حين أن هذا التعليق كان بمثابة مجاملة، إلا أن رد إليانور كان معبرًا: لقد أيدته لكنها لم تعتقد أن كلمة "عاطفي" تنطبق عليها.

لقد كان روزفلت، الذي ولد أثناء الإزهار الأخير للفضائل الفيكتورية الهادئة، فوق العاطفة. لم يكن اتجاهها وهدفها في الحياة مدفوعًا بالعاطفة بل بالمنطق.

كان جورج دبليو بوش وديك تشيني ودونالد رامسفيلد متحمسين للعراق. كان كريستوفر ماكاندليس أيضًا مصممًا على التوجه "إلى البرية". كان لدى روبرت فالكون سكوت دوافع مماثلة عند استكشاف القارة القطبية الجنوبية. عانى العديد من المتسلقين في مأساة إيفرست عام 1996 لفترة وجيزة من "هوس القطب". وفي الوقت نفسه، اعتقد المخترع والمستثمرون الذين يقفون وراء شركة سيجواي أنهم اخترعوا شيئًا ثوريًا غيّر حياة الناس؛ ومن ثم وضع كل مواردهم من أجل نشر كلمة هذا الابتكار الرائد. وبطبيعة الحال، كان كل هؤلاء الأفراد الأذكياء والموهوبين مخلصين بشغف لما كانوا يسعون إلى القيام به؛ ولكن من الواضح أنهم كانوا أيضًا غير مجهزين وغير قادرين على فهم الاعتراضات والمخاوف الحقيقية التي أعرب عنها كل من حولهم.

تنطبق هذه المفاهيم نفسها على العديد من رواد الأعمال والمؤلفين والطهاة وأصحاب الأعمال والسياسيين والمصممين الذين لم تسمع عنهم من قبل ولن تسمع عنهم مرة أخرى أبدًا بسبب التدمير الذاتي لجهودهم في مغادرة الميناء. كما هو الحال مع كل هواة، كان لديهم شغف ولكنهم كانوا يفتقرون إلى شيء آخر.

لأكون واضحًا، أنا لا أتحدث عن الاهتمام. ما أناقشه هنا هو شغف من نوع آخر: الحماس الجامح، واستعدادنا لمهاجمة كل ما يأتي في طريقنا بكل قوتنا؛ إن حزمة الطاقة التي لدينا والتي يخبرنا بها المعلمون والمعلمون هي أغلى ما لدينا؛ رغبة ملحة لا يمكن إخمادها في البدء أو الوصول إلى هدف طموح غامض؛ لكن هذا الدافع الذي يبدو غير ضار قد يؤدي في الواقع إلى الإضرار أكثر من المساعدة.

تذكر أن "المتعصب" هو مجرد مصطلح أفضل لـ "الشخص المجنون".

لويس ألسيندور جونيور، الذي فاز بثلاث بطولات وطنية مع جون وودن في جامعة كاليفورنيا، وكان معروفًا لدى معظم الناس بلقبه كريم عبد الجبار في ذلك الوقت، استخدم ذات مرة كلمة واحدة لوصف أسلوب تدريب وودن: نزيه. رأى وودن تلك المشاعر الإضافية كأعباء. وبدلاً من ذلك، ركزت فلسفته على أن تكون مسيطرًا وأن تقوم بعملك بدلاً من أن تصبح عبدًا للعاطفة ـ وهو ما تعلمه لويس ألسيندور جونيور في النهاية تحت قيادة وودن.

لا يمكن لأحد أن يصف إليانور روزفلت أو جون وودن أو كريم بأنهم أفراد غير مبالين أو سلبيين. لا يمكن لأحد أن يسميهم محمومين أو مفرطي الحماس أيضًا. روزفلت، إحدى أقوى الناشطات في أمريكا وبالتأكيد السيدة الأولى في أمريكا، كانت معروفة في المقام الأول بنعمتها واتزانها وإحساسها بالاتجاه؛ فاز وودن بـ 10 ألقاب في غضون 12 عامًا لأنه ابتكر نظامًا للفوز بالمباريات التي نجحت مع لاعبيه ـ ولم يكن مدفوعًا بالإثارة ولكن بدلاً من ذلك بنى مع مرور الوقت ما أصبح معروفًا به؛

وفي مساعينا، سنواجه مشاكل معقدة لم نواجهها من قبل. الفرص لا تقدم نفسها عادة في برك عميقة تتطلب الشجاعة والجرأة للدخول ـ بل قد يتم حجبها ونفض الغبار عنها وحجبها بأشكال مختلفة من المقاومة ـ لذا فإن المطلوب حقًا هنا هو الوضوح والتعمد والتصميم المنهجي.
... ولكن في كثير من الأحيان، نتصرف على النحو التالي

الإلهام يضرب: هدفي هو القيام بأكبر وأكبر ______ على الإطلاق. كن الأفضل.

هو "الأول مع الأكثر ______".

نصيحة: إذن، إليك ما ستتخذه خطوة بخطوة لتحقيق ذلك:

التحقق من الواقع: نحن نسمع ونفعل فقط ما نريده، وغالبًا ما يقودنا إلى مسارات لم نتوقعها وينتهي بفوضى أكثر مما توقعنا.

ولأننا نسمع فقط عن الأشخاص الناجحين وشغفهم، فقد ننسى أن الفاشلين كان لهم نفس الصفة. نحن لا ندرك عواقبها بشكل كامل حتى ننظر إلى الوراء. في حالة الافتراضات الخاطئة لمخترع ومستثمر Segway بأنه سيكون هناك طلب أكبر بكثير مما كان موجودًا بالفعل على منتجهم. قبل أن يبدأ غزو Charles Segway العراق، كان أنصاره يتجاهلون في كثير من الأحيان الاعتراضات وردود الفعل السلبية لأنه كان يتعارض مع ما كانوا يرغبون بشدة في تصديقه. لسوء الحظ، كما رأينا في فيلم "في البرية"، أدى هذا الجهل إلى عواقب مأساوية. لقد ارتكب روبرت فالكون سكوت أخطاء بسبب الثقة المفرطة والحماس المتهور دون التفكير في المخاطر المحتملة؛ ونتخيل أن نابليون كان غارقًا في العاطفة عندما فكر في غزو روسيا؛ فقط بعد إعفائه منه عندما عاد مع نصف الرجال الذين أخذهم معه في الأصل إلى المنزل فقط، هدأت شغفه. كانت هناك أمثلة أخرى حيث تسبب الإفراط في الاستثمار، أو قلة الاستثمار، أو التصرف قبل أن يكون شخص ما جاهزًا حقًا، أو كسر العناصر الحساسة في حدوث ضرر ـ ولكن لا شيء بشكل فاضح مثل تلك المذكورة أعلاه.

غالبًا ما يعمل الشغف على إخفاء الضعف؛ إن ضيق التنفس والتهور والجنون بمثابة بدائل سيئة للانضباط والإتقان والقوة والغرض والمثابرة. يجب أن تكون قادرًا على التعرف على هذه السمة سواء في الآخرين أو في نفسك لأن مصادرها قد تبدو صادقة بدرجة كافية، إلا أن آثارها غالبًا ما تصبح كوميدية أو أسوأ.

يكون الشغف واضحًا عندما يستطيع شخص ما أن يشرح بتفصيل كبير من يريد أن يصبح، وأهدافه للنجاح، ومتى يتوقع تحقيقها ـ وربما حتى إعطاء تاريخ تقريبي أو تفصيل مخاوفه المشروعة بشأن هذه الأهداف. في حين أن هؤلاء الأشخاص يمكنهم إدراج كل الأشياء التي يخططون للقيام بها أو التي بدأوا بالفعل في القيام بها، إلا أن تقدمهم نادرًا ما يظهر بوضوح؛ لا تقدم = العاطفة.

كيف يمكن للمرء أن يكون مشغولاً دون أن يحقق أي مهام مهمة؟ هذه هي مفارقة العاطفة.

إذا كان من الممكن تعريف الجنون على أنه القيام بنفس الشيء مرارًا وتكرارًا مع توقع نتائج مختلفة، فيمكن اعتبار العاطفة شكلاً من أشكال التخلف العقلي ـ وهو الشكل الذي يتخذ أشكالًا وأشكالًا عديدة بمرور الوقت. ومن خلال تعطيل وظائفنا المعرفية الأكثر أهمية عن عمد، فإننا نخاطر بتقليل أهميتها وفوائدها المحتملة لأنفسنا والمجتمع ككل بشكل كبير. يمكن أن تكون النتيجة مخيبة للآمال في كثير من الأحيان عندما ننظر إلى الماضي؛ لقد أمضيت سنوات مضيعة في تدوير الإطارات على الأسفلت.

الكلاب، مثل معظم الكائنات العاطفية، لديها ذكريات قصيرة المدى تساعد على تجنب مشاعر العبث والعجز؛ ولكن لسوء الحظ بالنسبة لنا نحن البشر، فإن الواقع سوف ينتصر في النهاية ويؤدي إلى تآكل أي أوهام نعيش في ظلها.

في جوهرنا، يحتاج البشر إلى الهدف والواقعية لتحقيق التقدم الناجح. يمكن النظر إلى الهدف على أنه شغف له حدود؛ بينما الواقعية تجلب الانفصال والمنظور.

غالبًا ما تواجه الأسباب الناشئة أو التي تم تشكيلها حديثًا شغفًا شديدًا يجعل أخذ الأمور ببطء يبدو غير بديهي. لسوء الحظ، غالبًا ما نفشل في إدراك أن إرهاق أنفسنا أو إرهاق أنفسنا لن يؤدي إلى تسريع الرحلة بشكل أسرع.

(______ العاطفة على وشك. (أنا متحمس جدًا لـ ______). الغرض هو لـ. (أريد

يجب أن أكمل ______. هدفي من وجودي هنا هو ______، وأنا على استعداد للمثابرة من خلال أي تحديات أو إزعاجات للوصول إلى هذا الهدف.

الهدف هو شيء آخر غير "أنا"، فهو يقلل من أهمية الهوية الشخصية. يجب أن يخدم الغرض قضية أعلى.

إن السعي وراء شيء يتجاوز أنفسنا بدلاً من المتعة الشخصية وحدها يتطلب هدفاً، فضلاً عن التخطيط الواقعي: أين وما هي خطواتنا الأولى؟

ما الذي يجب أن نركز عليه في البداية؟ كيف يمكننا التأكد من أن ما نقوم به سوف يدفعنا إلى الأمام؟ وبأي معيار نقيس أنفسنا؟
"العواطف العظيمة هي أمراض بلا أمل"، وفقا لغوته. ولمواجهة مثل هذه المشاعر المتطرفة والمرض، يعمل الأشخاص المتعمدون والهادفون على مستوى آخر: توظيف المتخصصين واستخدامهم. طرح أسئلة مثل ما يمكن أن يحدث من خطأ أو البحث عن أمثلة قبل التخطيط لحالات الطوارى قبل اتخاذ الخطوة (الخطوات)

الأولى. إنهم يبدأون بشكل صغير قبل تحقيق المكاسب مع الاستمرار في البناء على تلك المكاسب مع زيادتها بشكل كبير وليس خطيًا.

هل تتمتع الأساليب التكرارية بإثارة أقل من البيانات الرسمية، أو عيد الغطاس، أو الطيران عبر البلاد لمفاجأة شخص ما، أو كتابة رسائل بريد إلكتروني مكونة من أربعة آلاف كلمة؟ بالطبع. هل هم أقل بريقًا وجرأة من بذل قصارى جهدهم وزيادة الحد الأقصى لبطاقات الائتمان الخاصة بك لأنك تؤمن بنفسك؟ بالطبع. نفس الشيء مع جداول البيانات والاجتماعات والرحلات والمكالمات الهاتفية وأدوات البرامج والأنظمة الداخلية ـ ولكن ربما تفوق الفوائد عيوبها؟
كل مقال مكتوب عن كيفية الكتابة للأشخاص المشهورين.

العاطفة تكمن في الشكل على الوظيفة؛ الغرض يكمن في الوظيفة.

ـ عملك يحتاج إلى تدبر ونظر ـ وليس عاطفة ولا سذاجة

بدلاً من أن تكون متحمسًا أو غارقًا في ما ينتظرك، سيكون من الحكمة أكثر بكثير أن تتعامل مع ما ينتظرك على أنه أمر مروع وتضع عقلك في رؤيته بغض النظر عن ذلك. اترك الشغف للهواة؛ ركز على فعل وقول الأشياء الضرورية بدلاً من التركيز على ما يأتي بشكل طبيعي أو يشعرك بالراحة. تذكر مقولة تاليران قبل كل شيء، ليس الكثير من الحماس") لتحقيق أشياء") "Surtout, pas trop de zele" للدبلوماسيين عظيمة بينما تترك وراءك ذاتك القديمة التي جربت النوايا الطيبة ولكنها كانت غير فعالة وأصبحت منتجة بدلاً من ذلك.

الفصل الثامن: اتبع استراتيجية كانفاس سترات

لقد أثبت الرجال العظماء دائمًا تقريبًا قدرتهم على القيادة مع استعدادهم أيضًا للمتابعة

اللورد ماهون في الثقافة الرومانية، كان للفن والعلم مفهوم ليس لدينا سوى نظير غير مكتمل له في مجتمع ـ العصر الحديث: يمكن لرجال الأعمال الناجحين أو السياسيين أو الأفراد الأثرياء أن يكونوا بمثابة مصنوعات يدوية (رعاة فنيين).

مجموعة من الكتاب والمفكرين والفنانين وفناني الأداء. لم يتم الدفع لهؤلاء الفنانين Playboys سوف يدعم فقط مقابل إنتاج أعمال فنية، بل قاموا بعدد من الواجبات المتعلقة بالحماية والطعام والهدايا مثل تمهيد أو شخصًا يزيل العقبات على طول رحلة، "antiambulo" الطريق. كانت إحدى هذه المهام هي أن تكون الطريق وقام بتوصيل الرسائل إلى راعيه وجعل الحياة Anteambulo راعيه أينما حدثت في روما؛ أفسح أسهل له أو لها بشكل عام.

كان مارسيال كاتبًا مشهورًا لنصوص العبارات، وقد نجح في شغل هذا الدور لسنوات، حيث خدم أولاً تحت قيادة ميلا، وهو رجل أعمال ثري وشقيق الفيلسوف الرواقي سينيكا. في وقت لاحق خدم أيضًا تحت قيادة بيتيليوس. أمضى مارسيال معظم يومه في التنقل بين منازل الرعاة الأثرياء لتقديم الخدمات وإبداء احترامه وقبول دفعات أو خدمات رمزية صغيرة في المقابل.

مشكلة مارسيال تكمن هنا. مثل الكثير منا الذين حصلوا على تدريب داخلي ومناصب مبتدئة (أو ناشرين أو رؤساء أو عملاء لاحقين)، لم يعجب مارتيال بكل دقيقة. كان يعتقد أنه عومل بشكل غير عادل في ظل هذا النظام. أراد أن يعيش مثل أي ملاك في بلد مثل أولئك الذين يخدمهم، فرغب في الحصول على المال والعقارات الخاصة به حيث يستطيع أن يخلق أعمالًا بحرية دون خوف أو قمع من الرعاة أو الناشرين؛ غالبًا ما تُظهر كتاباته هذا الازدراء تجاه القشرة العليا لروما والتي شعر أنها تجاهلته بشكل غير عادل واحتقرته بشكل غير عادل. على هذا النحو، غالبًا ما تتميز كتاباته بالغضب ضد روما بسبب ما يعتقد أنها أعمال ضده تسببت له في معاناة كبيرة.
لقد أعماه إحباط مارسيال من رؤية أن موقعه الفريد كغريب عن المجتمع هو الذي منحه مثل هذه الأفكار الفريدة في الثقافة الرومانية، والتي لا تزال موجودة حتى يومنا هذا. ماذا لو بدلاً من أخذ هذه الأنظمة على محمل شخصي، كان قادراً على التصالح معها أو حتى إيجاد طرق لتقدير الفرص التي توفرها بدلاً من ذلك؟ لكن لا: يبدو أنهم يستهلكونه بدلاً من ذلك.

موقف مشترك عبر الأجيال والمجتمعات: تُجبر العبقرية الساخطة على القيام بعمل لا تستمتع به لأشخاص لا تحترمهم بينما تحاول إدارة الحياة بشروطهم الخاصة. "كيف يجرؤون على إجباري على الانحناء بهذه الطريقة! يا له من ظلم! يا له من هدر"

ونحن نرى ذلك في الدعاوى القضائية الأخيرة التي رفعها المتدربون ضد أصحاب عملهم بسبب الأجر. نرى أطفالًا يختارون العيش في المنزل بدلاً من القيام بشيء يشعرون أنهم مؤهلون له أكثر من اللازم؛ وفي عدم الرغبة في مقابلة أي شخص بشروطه ـ عدم الرغبة في التنازل وإجراء تغييرات قد تدفعنا إلى الأمام معًا بدلاً من إعطاء أي شخص ميزة؛ لن أسمح لهم بالتغلب عليّ؛ بل ينتهي كلانا بلا شيء!

فكر جيدًا في ما يبدو إذلال وكأنه في خدمة شخص آخر؛ في الواقع، أنتج نموذج التلمذة الصناعية بعضًا من أعظم الأعمال الفنية التي تم إنتاجها على الإطلاق: لقد مر مايكل أنجلو، وليوناردو دافنشي، وبنجامين فرانكلين جميعًا بمثل هذه الأنظمة؛ بالإضافة إلى أنها قد توفر لك تجربة لا تقدر بثمن ستستخدمها لاحقًا كجزء من أن تصبح شخصًا أكثر شهرة! ألا يستحق هذا الإزعاج المؤقت أن يؤخذ بعين الاعتبار عندما تسعى إلى تحقيق النجاح بنفسك؟

عندما يبدأ شخص ما وظيفته الأولى أو ينضم إلى منظمة جديدة، فإنه غالبا ما يتلقى هذه النصيحة: اجعل الآخرين يبدون جيدين وسوف تقوم بعمل جيد. وفقا لهم، اخفض رأسك واخدم رئيسك في العمل. من الطبيعي أن هذه النصيحة لن تناسب أي طفل يتم اختياره على حساب المتقدمين الآخرين لهذا المنصب أو خريج جامعة هارفارد الذي حصل على شهادته خصيصًا لتجنب هذه الإهانة المتصورة.

دعونا نضع هذا بطريقة أخرى حتى لا يبدو الأمر مهينًا جدًا: لا ينبغي أن يُنظر إلى هذه النصيحة على أنها تقبيل أو جعل أي شخص يبدو جيدًا؛ بل يجب أن يقدم الدعم حتى يتمكن الآخرون من أن يكونوا أفضل ما لديهم. قد يكون الوصف الأفضل هو "ابحث عن لوحات فنية ليرسم عليها الآخرون". يمكنك أن تكون "أنتيمبولو"، حيث تقوم بإزالة العقبات في طريقهم حتى تنفتح مساراتهم الخاصة تحتك ـ وفي النهاية سيصبح هذا المسار أيضًا طريقك الخاص!

قد يكون البدء أمرًا مخيفًا؛ يمكننا أن نطمئن أنفسنا بشأن بعض الحقائق الأساسية:

1) أنت لست بنفس الأهمية أو الجودة التي تظنها؛ 2) موقفك يحتاج إلى تعديل؛ و 3) الكثير مما تعرفه أو تعلمته من خلال الكتب والمدارس قد لا يكون محدثًا أو غير دقيق.

إحدى الطرق الرائعة للتخفيف من كل هذا التوتر والارتباك هي من خلال الانضمام إلى الأشخاص والمنظمات الناجحة بالفعل، وإدراج هويتك في هويتهم، والمضي قدمًا في كليهما في وقت واحد. في حين أن السعي وراء المجد الشخصي قد يبدو أكثر بريقًا، إلا أنه نادرًا ما يوفر نجاحًا دائمًا. الإذعان هو الطريق إلى الأمام.

إن مثل هذا الموقف له أيضًا فائدة أخرى: فهو يساعد على تقليل الأنا في لحظة مهمة في حياتك المهنية ويسمح لك باستيعاب كل شيء دون خلق حواجز أمام تقدم الآخرين.

لا أحد يؤيد التملق. بدلاً من ذلك، تستلزم هذه الممارسة البحث من الداخل والبحث عن الفرص للآخرين بدلاً تُترجم حرفيًا على أنها تمهيد الطريق: وهذا يعني مساعدة شخص "anteambulo" من نفسك. تذكر أن كلمة ينوي بالفعل السير في اتجاه معين من خلال مساعدته على حزم أمتعته، وتحريره للتركيز على نقاط قوته مع تحسين الأمور بدلاً من مجرد الظهور.

Silence Dogwood. يعرف الكثيرون رسائل بنجامين فرانكلين الشهيرة المكتوبة بأسماء مستعارة مثل ينظر الناس إلى فرانكلين على أنه معجزة شابة مثيرة للإعجاب ويتجاهلون إنجازه الأكثر روعة: كتابة الرسائل التي أرسلها تحت أبواب المطبعة دون أن يحصل على أي ائتمان حتى عقود لاحقة من حياته. في الواقع، كان شقيقه، المالك، هو الذي استغل شعبيتها المذهلة من خلال نشرها بانتظام على صفحة جريدته. لقد فهم فرانكلين كيفية عمل الرأي العام ورفع الوعي بما يؤمن به، مع تحسين أسلوبه ولهجته وذكائه بمرور الوقت. استخدم فرانكلين هذه الإستراتيجية مرارًا وتكرارًا طوال حياته المهنية ـ نشر ذات مرة في إحدى

صحف منافسه من أجل تقويض منافس آخر ـ لأنه أدرك قوتها في جعل الآخرين يبدون جيدين ومنح الآخرين الفضل في أفكارك.

ارتقى بيل بيليشيك من فريق نيو إنجلاند باتريوتس في صفوف اتحاد كرة القدم الأميركي من خلال حب وإتقان ما وجده العديد من المدربين مملا: تحليل الأفلام. كانت أول وظيفة احترافية له في كرة القدم مع فريق بالتيمور كولتس تطوعية وغير مدفوعة الأجر ـ وقد وفرت مساهماته الذخيرة والاستراتيجيات الحاسمة التي كانت تُنسب في البداية فقط إلى المدربين الكبار. "لقد أخذ كل شيء مثل الإسفنجة. إذا تم تكليفه بمهمة يختفي في غرفة أخرى دون أن يراه أحد مرة أخرى." كان هذا انطباع أحد المدربين. وقال آخر: "لقد استمر في العمل حتى اكتمل، ثم أراد المزيد". كما قد تتخيل، بدأ بيليتشيك في الحصول على رواتبه بسرعة كبيرة.

لقد أظهر بيليشيك بالفعل خبرته عندما كان طالبًا في المدرسة الثانوية. على هذا النحو، غالبًا ما كان يعمل كمدرب مساعد غير رسمي حتى أثناء اللعب. علمه والده، الذي كان مساعدًا لمدرب كرة القدم في القوات البحرية، درسًا مهمًا في سياسة كرة القدم: عند تقديم تعليقات أو التشكيك في قرار من مدربه أو رئيسه، افعل ذلك بهدوء وببساطة حتى لا تسيء إلى أي من الطرفين المعنيين؛ بمعنى آخر، تعلم بيليتشيك كيف يكون نجمًا صاعدًا دون أن ينفر أو يسيء إلى أي شخص ـ وبعبارة أخرى، فقد أتقن استراتيجية القماش!

إن السمات المرتبطة بالاستحقاق والتفوق ـ الأنا ـ كانت ستجعل إنجازات هؤلاء الرجال مستحيلة. من المحتمل ألا ينشر فرانكلين أبدًا لو أنه أعطى الأولوية للائتمان على الإبداع ـ ربما هاجمه شقيقه جسديًا بدافع الغيرة والغضب! من المحتمل أن يكون بيليتشيك قد أزعج مدربه من خلال تقويضه علنًا، فضلاً عن التخلي عن العمل المجاني من أصحاب العمل، أو الاهتمام بالمكانة بدلاً من النتائج أو الجلوس خلال آلاف الساعات من لقطات الفيلم. تأتي العظمة من أصول متواضعة: العمل الجاد الذي يعني غالبًا أن تكون الشخص الأقل أهمية في الحاضر ـ حتى تثبت خلاف ذلك بنتائج ملموسة!

هناك مثل قديم يقول: "قل القليل، افعل الكثير". ما يجب أن نهدف إلى القيام به بدلاً من ذلك هو تعديل وتطبيق نسخة محدثة من هذا المفهوم عند الاقتراب من نهجنا المبكر ـ كن أقل وافعل المزيد. تخيل لو أنك بدلاً من ذلك، مع كل شخص تقابله، تبحث عن طرق يمكنك من خلالها مساعدتهم وتنظر إلى كل فرصة من خلال عيونهم فقط، بدلاً من التفكير في كيف أفادك ذلك؟ وبمرور الوقت، سيكون لهذا تأثير تراكمي هائل: تعلم مشاكل جديدة يجب معالجتها عن طريق حل المشاكل القائمة؛ تطوير العلاقات؛ تصبح لا غنى عنها؛ بناء صداقات دائمة؛ إنشاء بنك واسع النطاق من الخدمات المتاحة حسب الحاجة لاحقًا...

تركز استراتيجيات الرسم على مساعدة نفسك أثناء مساعدة الآخرين، واستبدال الإشباع قصير المدى بفوائد طويلة المدى. بينما يسعى الآخرون للحصول على الائتمان والاحترام، يجب أن تنسى الائتمان تمامًا ـ في الواقع، يجب أن يكون هذا هو هدفك: السماح للآخرين بالحصول على الائتمان مع تأجيل الدفع على أصل المبلغ.

يمكن أن تكون الإستراتيجية صعبة. قد يكون من المغري، كما فعل مارسيال، أن تشعر بالمرارة تجاه أي شخص خاضع. وأن أكره أولئك الذين لديهم المزيد من الموارد. لكن يجب أن تظل موضوعيًا. هل هم أكثر تأهيلاً، أو لديهم خبرة أكبر، أو مكانة أكبر منك؟ أم تقول: كل لحظة لا تقضيها في عملك أو في العمل على نفسك هي وقت ضائع؟ إن الدفاع عن نفسك ضد التشهير بهذه الطريقة يعني أن تقول لنفسك "أنا أرفض أن يتم الاستهانة بي".

بمجرد أن نتغلب على هذه الدوافع العاطفية والأنانية، تصبح استراتيجية الرسم لدينا أكثر بساطة؛ تكراراتها تصبح لا نهاية لها.

تخيل الخروج بأفكار لتقديمها إلى رئيسك في العمل. ابحث عن الأشخاص والمفكرين والصاعدين الذين تعرفهم لتعريفهم معًا؛ إجراء اتصالات؛ عبر الأسلاك من أجل إطلاق شرارات جديدة من الابتكار؛ اكتشف شيئًا لا يريد أي شخص آخر معالجته ومعالجته بمفرده.

البحث عن أوجه القصور والهدر والتكرار؛ تحديد موقع التسريبات وإصلاحها لتحرير الموارد لمجالات النشاط الجديدة.

إنتاج المزيد وتبادل أفكارك.

اكتشف الفرص لإثارة خيالهم، وتحديد سبل التعاون والأشخاص، وإزالة الانحرافات التي تعيق التقدم والتركيز. إنها استراتيجية قوة مجزية وقابلة للتطوير بلا حدود؛ اعتبر كل جهد استثمارًا في العلاقات والنمو الشخصي.

متاحة للجميع في أي وقت من حياتهم وليس لها تاريخ انتهاء محدد أو حدود عمرية، مما يجعلها Canvas استراتيجية مناسبة للأشخاص من جميع الأعمار ومراحل التطور. ابدأ في أي وقت ـ قبل أو أثناء التوظيف؛ أثناء القيام بشيء آخر؛ عند البدء بشيء جديد؛ داخل المنظمات التي ليس لديها حلفاء أقوياء أو أنظمة دعم؛ عند الانتقال بين المشاريع؛ حتى بعد أن تتخرج لتترأس مشاريعك الخاصة، قد لا تتوقف أبدًا عن استخدام هذا النهج؛ اسمح للآخرين بتطبيقه عليك بينما تركز أنت على تقديم النصائح لمن هم أعلى منك.

بمجرد أن ترتدي هذه العباءة، ستدرك ما لا يستطيع الكثيرون التعرف عليه: الشخص الذي يمهد الطريق في النهاية يشكل اتجاهه مثل لوحة القماش التي تشكل لوحة.

الفصل التاسع: ضبط النفس

لقد كشفت ملاحظتي أن أولئك الذين يحققون نجاحات عظيمة يميلون إلى "البقاء تحت أجسامهم"، ولا يصبحون متحمسين أو يفقدون السيطرة أبدًا، ومع ذلك يظلون هادئين، ومسيطرين على أنفسهم، وصبورين، ومهذبين في جميع الأوقات.

ربما لم يتوقع الأشخاص الذين عرفوا جاكي روبنسون عندما كان شابًا أنه سيصبح أول لاعب أسود في دوري البيسبول الرئيسي.

على الرغم من أنه كان يتمتع بموهبة هائلة وكان منفتحًا على دمج لعبة البيسبول البيضاء في نهاية المطاف، إلا أنه لم يكن معروفًا تمامًا بتوازنه أو ضبط النفس.

عندما كان مراهقًا، كان روبنسون يركض مع مجموعة صغيرة من الأصدقاء الذين غالبًا ما وجدوا أنفسهم في مشاكل مع السلطات المحلية. في إحدى نزهات الكلية الإعدادية، تحدى طالبًا آخر لاستخدامه لغة عنصرية، بينما استخدم في مرة أخرى خلال مباراة كرة السلة ضربات قوية ضد خصم أبيض قاسي بقوة شديدة لدرجة أن دمائهم ركضت في كل مكان. تم القبض على روبنسون عدة مرات بسبب تحديه وتجادله مع الشرطة التي عاملته بشكل غير عادل.

قبل الالتحاق بجامعة كاليفورنيا في لوس أنجلوس، أمضى جاكي روبنسون ليلة واحدة في السجن (ووضع ضابط مسدسًا عليه) لأنه كاد أن يتشاجر مع شخص أبيض أهان أصدقاءه وكاد أن يقاتل بالعنف. ظهرت أيضًا شائعات تدور حول أن هذا الحدث حرض على الاحتجاجات ضد العنصرية. فضلا عن التحريض على الاحتجاجات ضد العنصرية في كامب هود عام 1944 عندما حاول سائق الحافلة إجبار جاكي على الجلوس في الخلف على الرغم من القوانين التي تحظر الفصل العنصري في الحافلات الأساسية؛ ثم قام جاكي بتصعيد هذا الصراع بشكل أكبر من خلال تحدي قائده مباشرة بعد تصاعد الشجار بشكل أكبر قبل أن يبلغ ذروته بإجراءات المحكمة العسكرية التي أدت إلى تسريحه بعد فترة وجيزة على الرغم من تبرئته على الرغم من أن هذا الحدث أثار العديد من الأحداث التي سبقت ذلك حتى تم تسريحه أخيرًا بعد ذلك بوقت قصير.

لقد اتخذ إجراءً ليس بدافع العقل أو الإنسانية فحسب؛ قد يكون من الضروري. لماذا يجب أن يعامله أحد بهذه الطريقة؟ ولا ينبغي لأحد أن يتحمل ذلك. ومع ذلك... نحن جميعًا نسعى لتحقيق أهداف مهمة جدًا بالنسبة لنا لدرجة أننا نتحمل أي شيء لمجرد تحقيقها!

كان لدى برانش ريكي، مدير ومالك فريق بروكلين دودجرز، سؤال واحد لجاكي عندما اكتشفه كأول لاعب أسود في لعبة البيسبول: هل لديك الشجاعة؟ وأوضح ريكي: "أنا أبحث عن شخص يتمتع بضبط النفس الكافي حتى لا يقاوم". في اجتماعهما معًا، سلط ريكي الضوء على جميع أنواع الإساءات التي قد يتعرض لها روبنسون إذا قبل تحدي ريكي: موظف الفندق يرفض حجز غرفة، ونادل فظ في مطعم، ومعارضون يهتفون ضد بعضهم البعض - وهو الأمر الذي أكد له روبنسون أنه يستطيع التعامل معه فقط بخير!

كان بإمكان ريكي اختيار أي عدد من اللاعبين، لكنه كان بحاجة إلى لاعب لا يسمح لغروره أن يعيقه عن النظر إلى الصورة الأكبر.

مع تقدم جاكي روبنسون عبر نظام مزرعة البيسبول وإلى صفوفه الاحترافية، واجه أكثر من مجرد إهانات من موظفي الخدمة أو اللاعبين المترددين؛ كانت هناك أيضًا حملة مضايقات منظمة تهدف إلى التشهير به أو الاستهجان أو الاستفزاز أو التجميد أو الهجوم أو التشويه أو القتل. خلال مسيرته أصيب بـ 72 رمية. كاد أن يتم استئصال وتر العرقوب من قبل اللاعبين باستخدام المسامير الموجهة نحوه ؛ ووجهت ضده دعوات غير عادلة. لم تسر فواصل اللعبة في طريقه... ومع ذلك، لم يستسلم جاكي أبدًا للغضب المتفجر ـ على الرغم من شعوره القوي؛ خلال 9 سنوات لم يضرب لاعبًا آخر يضربته!

يبدو اللاعبون الرياضيون اليوم مدللين ومزاجين، لكننا نفتقر إلى فهم ما كانت عليه الدوريات في ذلك الوقت. كان تيد ويليامز واحدًا من أعظم اللاعبين وأكثرهم احترامًا على الإطلاق في لعبة البيسبول عندما تم القبض عليه وهو يبصق على معجبيه في عام 1956؛ باعتباري لاعبًا أبيض، لم يكن هذا أمرًا غير عادي، وقال للصحفيين لاحقًا: "لم أكن آسفًا على ما فعلته... لن يمنعني أحد من البصق!" ومع ذلك، بالنسبة للاعبين السود مثل جاكي روبنسون، فإن هذا النوع من السلوك لا يمكن تصوره وقصير النظر إلى حد لا يمكن فهمه ـ وكان من شأنه أن يدمر مسيرته ويعرقل تجربته الكبرى لأجيال لاحقة.

كان على جاكي أن يضع جانبًا غروره، وفي بعض الأحيان، المفاهيم الأساسية للعدالة والحقوق كإنسان. في مرحلة مبكرة من حياته المهنية، كان بن تشابمان، مدير فيلادلفيا فيليز ، قاسيًا بشكل خاص خلال إحدى المباريات عندما سخر من جاكي: "إنهم ينتظرونك في الأدغال!" صرخ مرارا وتكرارا. ثم استهزأ لاحقًا بأنهم لا يريدونه هناك (على الرغم من رغبتهم في الحصول على أحد هؤلاء الأبناء البيض لأنفسهم) ، ولم يستجب جاكي على الرغم من شعوره بعدم الارتياح بشأن سخرية تشابمان منه ؛ سخر بن تشابمان من جاكي طوال الوقت على الرغم من رغبته في الحصول على واحد أو حتى محاولته الاستيلاء على أحد هؤلاء الأبناء البيض (على الرغم من رغبته في الحصول على واحد بنفسه!). اختارت جاكي عدم الرد بشكل مباشر؛ بدلاً من ذلك، كما كتب لاحقًا، ردًا على تعرضه للسخرية مثل هذا المدير في وقت لاحق ـ على الرغم من رغبته في شيء مختلف تمامًا ـ على الرغم من رغبته في شيء مختلف تمامًا (في أوائل عام 1932/3/33) عندما سخر تشابمان من جاكي كمدير خلال إحدى المباريات المهنية المبكرة التي لعبها بن تشابمان قاسية بشكل خاص أثناء اللعب أثناء اللعب بواسطة بن تشابمان حيث سخر بن تشابمان من جاكي بقسوة من خلال السخرية أثناء اللعبة من خلال السخرية والسخرية أثناء اللعبة). لم يستجب جاكي ولو مرة واحدة عندما كتب تلك اللعبة لاحقًا عندما واصل بن تشابمان استهزاء جاكي لإجبارها على الاستسلام ببساطة من خلال عدم الاستجابة أو التصرف بغضب بمرور الوقت (على الرغم من كتابته لاحقًا). بدلاً من ذلك على الرغم من الرغبة في أن يأتي أحد هؤلاء الأبناء البيض بمرور الوقت). بدلاً من ذلك، ردت جاكي على ذلك على الرغم من رغبتها في أن يأتي ابن أبيض واحد، وهو ما كتبه جاكي لاحقًا. جاكي ببساطة لم يستجب، ولم يستجب في تلك المباراة عندما سخر تشابمان أثناء المباراة؛ بحلول ذلك الوقت، استجابت فيلادلفيا فيلي مع بن تشابمان الذي استمر في استهزاء جاكي واستجابت بالفعل على الرغم من رغبتها في الحصول على واحدة أيضًا، وكانت وحشية بشكل خاص ولكن لم يستجب أي منهما بالتصرف بهذه الوحشية من خلال عدم الرد ـ على الرغم من ذلك بنفس القدر.

كانت نيتي مهاجمة تشابمان بقبضتي السوداء المحتقرة وكسر أسنانه"، لكنه وافق لاحقًا على التقاط صورة ودية من أجل إنقاذ وظيفته.

للوهلة الأولى، فإن لمس مثل هذه الشخصية غير السارة أو التظاهر بها يكاد يجعل المرء يشعر بالانزعاج؛ ومع ذلك، وصفها روبنسون بأنها واحدة من أصعب التحديات التي واجهها على الإطلاق؛ ومع ذلك، فقد فهم أن بعض القوى كانت تحاول استدراجه وتدميره في لعبة البيسبول، وكان يعرف ما هي التسامحات التي يجب التسامح معها لتحقيق النجاح ـ وهو شيء لم يكن عليه القيام به في ذلك الوقت ولكنه فعل ذلك على أي حال.

وأيًا كان المسار الذي نتبعه، فسوف يعتمد في بعض النواحي على مقدار الهراء الذي نحن على استعداد لتحمله. في حين أن إذلالنا لا يمكن مقارنته بإذلال روبنسون، إلا أن الحفاظ على ضبط النفس سيظل أمرًا صعبًا.

باللغة "rustig" على كلتا يديه قبل القتال ـ في إشارة إلى أن كلمة R غالبًا ما يكتب باس روتن الحرف الهولندية تعني الاسترخاء. إن الغضب أو الانفعال أو فقدان السيطرة في الحلبة لن يؤدي إلا إلى الهزيمة؛ كتب جون شتاينبك لمحرره "[يفقد] أعصابه كملجأ من اليأس". لن تساعد غرورك هنا عند التعامل مع الناشرين أو النقاد أو الأعداء أو رئيس لا يمكن التنبؤ به ـ بغض النظر عما إذا كانوا لا يفهمون أو تعتقد خلاف ذلك ـ فمن السابق لأوانه أن ينشأ هذا النوع من المواقف المواجهة. .

أوه، لذلك ذهبت إلى الكلية؟ فقط لأن ذلك لا يمنحك الحقوق الحصرية في هذا العالم. حتى لو كانت رابطة آيفي ليج، فسيظل الناس يعاملونك بشكل سيئ ويوبخونك؛ والحصول على مليون دولار أو جوائز متعددة لا يضمن أي شيء في أي مجال جديد تحاول دخوله.

بغض النظر عن موهبتك أو علاقاتك أو ثروتك ـ عندما تريد أن تفعل شيئًا كبيرًا ومهمًا يهم المجتمع ككل ـ توقع اللامبالاة أو المقاومة الصريحة التي تتراوح من اللامبالاة إلى التخريب الصريح من الآخرين. فقط اعتمد عليه.

الأنا ليست بالضبط ما هو مطلوب في هذا الموقف ـ من الذي يحتاج إلى متاعب الانجراف وراء الدوافع، أو الاعتقاد بأنك هدية الله للبشرية، أو رفض التسامح مع أي شيء لا يتفق معه؟

الأشخاص الذين تعلموا إدارة غرورهم يفهمون أنه عندما يعاملهم الآخرون بشكل سيئ، فإن ذلك لا يقلل من شأنهم؛ فإنه يحط منهم بدلا من ذلك.

قد يكون هناك: إهانات، وفصل من العمل، ومخالفات بسيطة، ومناقشات أحادية الجانب.

تقديم بعض التنازلات؛ كن على استعداد لتقديم تنازلات، والعمل خلف الكواليس لتحقيق النتائج.

كل هذا لن يؤدي إلا إلى إثارة غضبك وإحباطك أكثر، مما يجعلك ترغب في الرد ـ بإخبار الجميع: أنا أفضل من هذا وأستحق المزيد.

بالطبع، تريد فرك ذلك في وجوه الناس؛ والأسوأ من ذلك، الأشخاص الذين لا يستحقون الاحترام أو التقدير أو المكافآت التي يتلقونها ـ غالبًا على حسابك! عندما لا يأخذك شخص ما على محمل الجد بما فيه الكفاية، فإن إدافعنا هو تصحيحه؛ عندما تصرخ الأنا لدينا من أجل الاعتراف؛ دعهم يتذكرون من أنا!

بدلا من ذلك، لا تفعل شيئا. اقبل ما يأتي في طريقك واستهلكه حتى تشعر بالمرض، تحمله بهدوء واعمل بجد، العب لعبتك، وتجاهل أي ضجيج؛ أرجو من الله أن لا يسمح لأي شيء أن يشتت انتباهك! ضبط النفس مهارة صعبة لا تقدر بثمن؛ قد يظهر الإغراء وبغض النظر عن أفضل جهودنا، فلن نصبح مثاليين أبدًا ـ ومع ذلك فإن المحاولة لا تزال ضرورية ويجب أن تستمر حتى تتغير حياتنا بدرجة كافية بحيث يصبح الكمال أمرًا ممكنًا.

لقد تحمل روبنسون بالفعل نصيبه من المشقة كجندي أمريكي من أصل أفريقي وكموهبة ناشئة، قبل أن يصبح جزءًا من منظمة دودجرز في الثامنة والعشرين من عمره. على هذا النحو، واجه مضايقات كبيرة باعتباره مبتدئًا عند انضمامه إليهم ـ وهي تجربة تفاقمت مع تقدم مسيرته المهنية مع كل فريق وقع عليه وكذلك عندما انتهت فترة ولايته معهم في عام 1965.

ومع ذلك، فقد اضطر إلى مواجهة هذا الواقع مرة أخرى. غالبًا ما لا يتم الاعتراف بالمواهب الجديدة عند الاعتراف بها، أو لا يتم تقديرها عند الاعتراف بها. يمكن أن تكون هناك أسباب مختلفة وراء كل ذلك ـ فهي إجزء من الحياة

ولكنك لن تتمكن من تغيير النظام إلا بعد إنشائه؛ لذلك، في هذه الأثناء، يجب أن تجد طريقة ما لتحقيق أغراضك ـ حتى لو كان ذلك يعني وقتًا إضافيًا للتطوير أو التعلم من الآخرين على حسابهم أو إنشاء مؤسستك وتأسيس نفسك.

عندما أصبح روبنسون ناجحًا وبعد أن تم الاعتراف به كأفضل مبتدئ لهذا العام وأفضل لاعب من قبل كلا الفريقين، أصبح مكانه في فريق دودجرز آمنًا، وبدأ في تأكيد نفسه وحدوده بقوة أكبر كلاعب وشخص. من خلال اقتطاع مساحته، شعر بالثقة الكافية للتجادل مع الحكام أو إلقاء كتفه إذا لزم الأمر من أجل التراجع عن لاعب آخر أو إرسال رسالة.

بغض النظر عن مدى شهرة جاكي روبنسون أو إنجازه، فإنه لم يهين معجبيه أبدًا أو يفعل أي شيء يضر بإرثه. عمل جماعي منذ اليوم الأول حتى وفاته. لم يفقد جاكي روبنسون أبدًا صفه كمؤدٍ على الرغم من نوبات الغضب أو الإحباطات التي قد يشعر بها أي منا؛ ومع ذلك، سرعان ما أدرك أن المشي على الحبل المشدود يتطلب ضبط النفس بدلاً من الغطرسة.

من المسلم به أن العديد من المسارات لا تفعل ذلك.

الفصل العاشر: اخرج من رأسك

إن بقاء المرء داخل عقله طوال الوقت لا يعني شيئًا سوى الأفكار؛ ولذلك فإن هؤلاء الأفراد يصبحون محرومين من الواقع ويعيشون حياة مليئة بالأوهام والأوهام.

يكافح هولدن كولفيلد من مانهاتن للتكيف مع الحياة بينما يعاني شقيقه أرتورو بانديني من لوس أنجلوس من نفسه ومع العالم من حوله.

يحاول بينكس بولينج، من عائلة نيو أورليانز ذات الدم الأزرق في الخمسينيات من القرن الماضي، الهروب من "كل يوم" في الحياة.

كان لكل هذه الشخصيات الخيالية شيء واحد مشترك: لم يتمكنوا من الهروب من أنفسهم.

سالينجر'س الحارس في حقل الشوفان يتبع هولدن وهو يكافح من أجل البقاء في المدرسة، خائفًا من النضوج، ويائسًا للهروب من كل شيء. فيلم "اسأل الغبار" لجون فانتي (جزء من سلسلة بانديني الرباعية)، يتبع كاتبًا شابًا آخر يُدعى ويل الذي يختبر الحياة من خلال الكتابة بدلاً من تجربتها فعليًا بشكل مباشر ـ حيث يرى "كل ثانية منها عبر صفحة في آلة كاتبة"، ويتساءل عما إذا كانت كل ثانية تقريبًا قد تكون اللحظة في الواقع قصيدة أو مسرحية أو قصة أو مقالة إخبارية غير مكتوبة مع بطل الرواية. يتمحور فيلم The Moviegoer الذي يفضل مشاهدة الأفلام على تجربة وجوده المزعج غير المريح في Binx حول Walker Percy للمخرج الحياة.

يمكن أن يكون التحليل النفسي للكتاب على أساس أعمالهم عملاً محفوفًا بالمخاطر، لكن هذه الروايات هي سير ذاتية معروفة. عندما نأخذ في الاعتبار حياة كل مؤلف وننظر إلى حياتهم ككل، تصبح الحقائق واضحة: لقد عانى جي دي سالينجر بالفعل من شعور ساحق بالهوس الذاتي وعدم النضج مما أدى إلى إبعاد الناس وشل عبقريته؛ حارب جون فانتي غرورًا هائلًا وانعدام أمان ضد الغموض النسبي خلال معظم حياته المهنية قبل أن يتخلى عن الروايات تمامًا لصالح ملاعب الجولف وحانات هوليوود حتى قرب وفاته الأخيرة عندما أعمى بسبب مرض السكري مما منحه فرصة أخرى للكتابة الجادة من جديد.
كان فيلم رواد السينما أول كتاب لووكر بيرسي بعد التغلب على كسله في سن المراهقة والأزمة الوجودية التي استمرت حتى الأربعينيات من عمره.

إلى أي مدى كان من الممكن أن يكون هؤلاء الكتاب أفضل لو تمكنوا من معالجة هذه المشاكل في وقت سابق؟ شخصياتهم التحذيرية تدفع القراء إلى التفكير مرة أخرى في هذه اللحظة الحاسمة في التاريخ.

لسوء الحظ، كونك عالقًا في رأسك لا يقتصر على الخيال. قبل ألفي عام، وصف أفلاطون الأشخاص المذنبين بأنهم "يتغذبون على أفكارهم الخاصة". وحتى في ذلك الوقت، كان من الشائع أن يتجنب الناس المداولات حول كيفية تحقيق شيء يرغبون فيه بالفعل، وبدلاً من ذلك يستمتعون بالتخطيط لكيفية تحقيق أحلامهم من خلال الاستمتاع بالتخطيط لكيفية حدوث كل شيء، مما يجعل الحياة أكثر كسلاً في الواقع من الخيال المتخيل. أناس حقيقيون يفضلون الخيال العاطفي على الواقع !عوالم

يبرز جورج ماكليلان، من هيئة الأركان العامة للحرب الأهلية، باعتباره نموذجًا أصليًا للجنرالات العظماء. تم اختياره لقيادة قوات الاتحاد لأنه استوفى جميع المعايير التي تجعل القائد استثنائيًا: خريج ويست بوينت، ذو خبرة في المعركة، طالب متحمس للتاريخ ويحظى باحترام رجاله.

لماذا أصبح أحد أسوأ جنرالات الاتحاد على الرغم من وجود جيش مليء بالقادة غير الأكفاء والمنغمسين في أنفسهم؟ لأنه كان عالقا في رأسه. مفتونًا بنفسه كقائد لهذه القوة المثيرة للإعجاب، فإن رؤيته لنفسه كقائد أعلى لها منعته من الخروج من تحت كل ذلك. على الرغم من أنه يستطيع إعداد قواته بشكل جيد بما فيه الكفاية، إلا أنه عندما يحين وقت الدفع عندما يحين وقت قيادة أحدهم إلى المعركة، تنشأ مشكلات يصبح من الصعب إدارتها.

لقد أصبح مقتنعا إلى حد يبعث على السخرية بأن عدوه كان يتوسع بشكل كبير (كان في الواقع يتمتع بميزة ساحقة في مرحلة ما)، وأن التهديدات والمؤامرات المستمرة من الحلفاء السياسيين (لم يكن هناك أي شيء)، وأنه في حاجة إلى الخطة والحملة المثالية (لن يكون الأمر كذلك). العمل، الذي أصبحت كل هذه الأشياء فيه حقيقة، لدرجة أنه لم يفعل شيئًا فعليًا... لعدة أشهر في كل مرة!

كان ماكليلان مهووسًا بنفسه ومدى روعة ما يفعله ـ حيث كان يهنئ نفسه على الانتصارات التي لم تأت بعد أو الهزائم الفظيعة التي أنقذ قضيته منها. إذا تحدى أي شخص هذا الخيال المريح، كان رد ماكليلان كفرد غير معقول، وفظ، ومغرور، وأناني؛ كان مثل هذا السلوك غير مبرر في حد ذاته، ولكنه كان يمثل مشكلات أعمق بالنسبة لرؤسائه ولأنفسهم. ثبت أن هذا السلوك مزعج بشكل لا يمكن إصلاحه، لكنه كان يعني أشياء أكبر للمجهود الحربي بشكل عام.
هناك مشكلة أخرى وهي شخصيته التي تمنعه من إنجاز الأمر الأكثر أهمية: الفوز بالمعارك.

لاحظ أحد المؤرخين الذين خدموا تحت قيادة ماكليلان في أنتيتام، بعد فوات الأوان: "كانت أنانيته هائلة ببساطة ـ ولا توجد كلمة أخرى لوصفها." يفترض معظم الناس أن الأنا الكبيرة تساوي الثقة ـ ولكن في حالة ماكليلان، منعه هذا الاعتقاد من القيادة و كان يقنع الآخرين بعدم التصرف عند الحاجة، وهذا أعماه عن ما يجب القيام به.

وكان من الممكن أن تكون الفرص التي ضيعها بشكل متكرر مثيرة للضحك لولا عواقبها الكارثية المحتملة على حياة العديد من الأشخاص. ومما زاد الأمور تعقيدًا وجود اثنين من الجنوبيين المتدينين والهادئين ـ لي ـ وستونوول جاكسون ـ الذين لديهم ميل إلى أخذ زمام المبادرة، والذين تمكنوا من إذلاله على الرغم من قلة الأعداد والموارد. ولسوء الحظ، يمكن أن يحدث هذا للقادة أيضًا ـ وعلينا أن نأخذ في الاعتبار!

KFKD (K-Fucked) تقدم آن لاموت تصويرًا مؤثرًا لهذه القصة: إذا لم يكن المرء حذرًا، "قد تعمل محطة في رأسك دون توقف، بصوت ستريو".

من المتحدث الأيمن في أذنك الداخلية سوف يأتي تيار لا نهاية له من التعظيم الذاتي: تلاوة خصوصية المرء ومدى انفتاحه، وموهبته، وتألقه، ومعرفة، وسوء فهمه، وتواضعه من الآخرين. في هذه الأثناء، ستظهر من مكبر الصوت الأيسر أغاني تكره الذات: عرض مستمر للأشياء التي لا تقوم بها بشكل جيد والأخطاء التي ارتكبتها على مدار حياتك، إلى جانب الشك والتأكيدات على أن كل شيء يلمسونه يتحول إلى هراء؛ العلاقات لا تنجح؛ أنت غير قادر على الحب المتفاني؛ الموهبة أو البصيرة موجودة من أجل...وهكذا دواليك...

لا يمكن لأحد ـ باستثناء الأفراد الطموحين بشكل خاص ـ أن يتجنبوا أن يصبحوا عرضة للسرد، سواء للخير أو للشر. من السهل لأي شخص شاب طموح (أو ببساطة أولئك الذين لديهم طموحات شابة) أن ينجرفوا بأفكارهم وعواطفهم، خاصة في العصر الذي يعد فيه الحفاظ على "العلامة التجارية الشخصية" وتسويقها أمرًا أساسيًا. نحن نروي القصص للترويج لأنفسنا، وغالبًا ما نغفل عن الخط الفاصل بين خيالنا وحقائقنا مع مرور الوقت.

في نهاية المطاف، ستصيبنا هذه الإعاقات بالشلل أو ستشكل عائقًا أمام الوصول إلى المعلومات الأساسية للقيام بوظائفنا ـ وهذا غالبًا ما كان السبب وراء سقوط ماكليلان في فخ التقارير الاستخباراتية المعيبة التي كان ينبغي أن يكون واضحًا أنها كاذبة؛ ولإيمانه بأن مهمته واضحة، كان كل ما يحتاجه هو المعلومات للقيام بعمله بفعالية.
كانت البداية بسيطة جدًا ومباشرة بالنسبة لشخص فكر فيها كثيرًا.

إنه لا يختلف كثيرًا عنا في هذا الصدد: فنحن نتشارك نفس المخاوف والشكوك والعجز والآلام ـ وليس على عكس المراهقين!

وكما بحث ديفيد إلكيند على نطاق واسع، فإن مرحلة المراهقة تتميز بما يشير إليه علماء النفس بـ "الجمهور الخيالي". تخيل أن شابًا يبلغ من العمر 13 عامًا يشعر بالحرج الشديد لدرجة أنه يتغيب عن الفصول الدراسية خوفًا من أن يتحدث الجميع في المدرسة عن حادثة لم يلاحظها أحد حقًا، أو فتاة مراهقة تقضي ثلاث ساعات تتم مراقبتها عن كثب من قبل كل من Make تحدق في مرآتها كل صباح، مقتنعة بأن كل حركة تقوم بها إحولها ـ يفعلون ذلك لأنهم يعتقدون أن كل من حولهم يراقبون باهتمام شديد

حتى كبالغين، نحن عرضة لهذا الوهم عندما نقوم بنزهة بريئة في الشارع. قم بتوصيل بعض سماعات الرأس وسيتم تشغيل الموسيقى على الفور؛ نقوم بقلب ياقات ستراتنا لفترة وجيزة لنفكر في مدى روعة مظهرنا؛ في أعيننا نعيد اللقاءات الناجحة التي نتجه إليها؛ تتفرق الحشود ونحن نمر. نحن محاربون شجعان في طريقهم للأعلى.

يمكن أن يكون هذا أي شيء بدءًا من مونتاج الاعتمادات الافتتاحية، إلى مشهد من رواية، ولكن عندما تشعر هذه الأشياء بالارتياح، فإنها يمكن أن تبقينا محميين داخل أنفسنا بدلاً من الانخراط في الحياة من حولنا.

الأنا يمكن أن تكون خطيرة. يعرف الأشخاص الناجحون كيف يتحكمون في الأمر. فهم يقاومون أي إغراءات تجعلهم يشعرون بأهميتهم أو تشوه وجهة نظرهم، مثل رفض الجنرال جورج سي مارشال الاحتفاظ بمذكرات أثناء الحرب العالمية الثانية على الرغم من أن المؤرخين والأصدقاء يطلبون منه واحدة خوفًا من ذلك. إن القيام بذلك من شأنه أن يحول وقت تفكيره الهادئ إلى أداء وخداع للذات؛ الشك في نفسه بشأن القرارات الصعبة التي يتم اتخاذها لقراءة المستقبل، والتخمين الثاني في أنفسهم بسبب القلق بشأن الشكل الذي سيبدو عليه الأمر على الورق، وما إلى ذلك.

من الممكن أن نقع جميعًا فريسة للهواجس العقلية، سواء أكان ذلك إدارة شركة ناشئة في مجال التكنولوجيا، أو الارتقاء في مراتب الشركات، أو الوقوع في الحب بشغف. كلما أصبحنا أكثر إبداعًا، أصبح من الأسهل علينا أن نفقد التركيز.

إن التخيل أمر قوي وخطير في نفس الوقت؛ نحن بحاجة إلى تسخير قوتها الإبداعية عندما تنفجر، وإلا نضيع في الإثارة ونصبح عاجزين عن السيطرة على تصوراتنا.
كيف يمكننا توقع الأحداث أو تفسيرها بدقة؟ كيف يمكننا أن نبقى جائعين وواعين؟ كيف يمكننا أن نقدر اللحظة الحالية؟ والأهم من ذلك، كيف يمكننا أن نكون مبدعين ضمن القيود العملية؟

العيش بوضوح وحاضر يتطلب الشجاعة. لا تبقى عالقًا في حالة وجودية مجردة، بل احتضن الواقع حتى عندما يكون غير مريح؛ كن جزءًا مما يحدث من حولك وحاول ألا تتجاهل أو ترفض ما يحدث من حولك. استمتع بالطعام واضبطه بأفضل ما يمكنك.

لا أحد يتوقع منا أن نقوم بالأداء، فقط العمل الذي يجب القيام به والدروس التي يمكن اكتسابها في كل شيء من حولنا.

الفصل 11: الكبرياء المبكر

يميل الشخص الذي يميل إلى الكبرياء إلى النظر باستخفاف إلى الأشياء والأشخاص؛ وبالتالي يمنعه من رؤية ما فوقه.

في الثامنة عشرة من عمره، عاد بنجامين فرانكلين منتصرًا إلى بوسطن بعد أن غادرها قبل سبعة أشهر. عاد بنيامين، ممتلئًا بالفخر والثقة بالنفس، مليئًا بالأمل لسكانه وللمدينة ككل.

كان فخوراً بنفسه؛ من المؤكد أن بدلته الجديدة وساعته ومليئة بالعملات المعدنية في جيبه ستثير إعجاب أي شخص كان على اتصال به ـ وخاصة شقيقه الأكبر الذي أراد أن يثير إعجابه أكثر من أي شيء آخر. كل هذا معروض بواسطة موظف يعمل في مطبعة في فيلادلفيا.

سرعان ما أوضح فرانكلين مدى تضخم غروره الصغير بشكل سخيف عند لقائه كوتون ماذر، أحد أكثر الشخصيات احترامًا في المدينة وخصمًا في وقت سابق من حياته. أثناء تحدثهما أثناء تجولهما في الردهة معًا، نصح ماذر فرانكلين فجأة بعدم رفع رأسه عاليًا، قائلاً بدلاً من ذلك: "انحدر! انحدر!" لسوء الحظ بالنسبة لفرانكلين، المنهمك جدًا في أدائه، فقد اصطدم بطريق الخطأ بعارضة سقف منخفضة! أجاب ماذر باقتراح مسلي: "دع هذا بمثابة تحذير من عدم رفع رأسك دائمًا عالياً أثناء التنقل في الحياة: من خلال القيام بذلك سوف تفوت العديد من الضربات القوية".

يعتقد المسيحيون أن الكبرياء شر لأنه يقنع الناس بأنهم أفضل مما هم عليه بالفعل، وأنهم أفضل مما خلقهم الله ليكونوا عليه. غالبًا ما يؤدي الكبرياء إلى الغطرسة والانفصال عن الإنسانية.

سواء كنت مسيحياً أم لا، لا تحتاج إلى أن تكون متديناً لتقدّر هذه النصيحة. إن مجرد الاهتمام بحياتك المهنية سيُظهر أن الفخر ـ حتى بالإنجازات التي تستحق الثناء حقًا ـ ليس سوى عائق ووهم.

لاحظ سيريل كونولي عبارته الشهيرة: "أولئك الذين تسعى الآلهة إلى تدميرهم يظهرون لأول مرة واعدين". قبل 25 قرناً، كتب شاعر رثائي هذه السطور نفسها
كتب ثيوجنيس إلى صديقه كورنوس: "إن الآلهة تضفي الفخر على أولئك الذين يسعون إلى تدميرهم؛ ومع إذلك فإننا نختار هذه العباءة عن قصد"

الكبرياء يشل واحدة من أهم أدواتنا للنجاح: عقولنا. يصبح التعلم والتكيف والمرونة وبناء العلاقات أكثر صعوبة مع الفخر بهذا المزيج؛ والأخطر من ذلك أن هذا يحدث غالبًا في وقت مبكر من الحياة أو أثناء العمليات ـ عندما تترسخ غرورنا المبتدئ. في وقت لاحق فقط، تدرك ما هو على المحك من خلال المبالغة في تقدير قدراتنا والاعتزاز بها على محمل الجد كما يفعل الآخرون.

الفخر يجعل أي إنجاز بسيط يبدو هائلاً؛ إنه يؤكد ذكائنا وعبقريتنا بينما يشير إلى أن ما أظهرناه حتى الآن كان مجرد مقدمة. منذ بدايتها، يفصل الفخر المالك عن الواقع عن طريق تغيير تصوراته بمهارة وليس بمهارة لما هو شيء ما وما ليس كذلك؛ هذه الآراء القوية، التي لا يتم تأمينها إلا بشكل فضفاض بالحقائق أو الإنجازات، تقودنا إلى طريق زلق نحو الوهم أو ما هو أسوأ.

يقترح الكبرياء والغرور: أنا أعتبر نفسي رجل أعمال لأنني قررت المغامرة بمفردي

بما أنني أقود حاليًا، أعلم أنني سأفوز في النهاية.

أعتبر نفسي كاتبًا لأنني نشرت شيئًا ما.

أنا ثري لأنني كسبت بعضًا من أموالي.

أشعر بالفخر والتميز لأنه تم اختياري.

أنا أؤمن بنفسي لأنني أعتبر نفسي مهمًا.

في مرحلة أو أخرى، ننخرط جميعًا في صنع الملصقات، ومع ذلك تقدم كل ثقافة كلمات تحذيرية ضد ذلك: لا تعد دجاجك قبل أن يفقس؛ لا تطبخ الصلصة قبل اصطياد السمك؛ مطلوب اصطياد الأرانب أولاً قبل طهيها؛ لا يمكن للكلمات أن تذبح لعبة الجلد من خلال الكلمات؛ اللكم فوق وزنك يمكن أن يؤدي إلى إصابات؛ غالبًا ما يسبق الكبرياء السقوط.

لنكن واضحين بشأن هذا الأمر: هذا النوع من المواقف يشكل احتيالاً. إذا كنت تقوم بالعمل وتستثمر الوقت والطاقة اللازمين فيه، فلا داعي للغش أو التعويض الزائد إذا سار كل شيء وفقًا للخطة.

يمكن أن يكون الكبرياء عدوًا خبيثًا. كان جون د. روكفلر يتحدث بصوت عالٍ أو يكتب في مذكراته بانتظام: "لأنك بدأت"، كان ينصح نفسه: "يجب أن تنتبه وإلا فقد تفقد عقلك ـ استمر بثبات".

في بداية حياته المهنية، حقق روكفلر بعض النجاح المبكر. لقد وجد وظيفة جيدة، وكان يدخر المال وكان لديه بعض الاستثمارات. ليس هذا بالأمر السهل بالنظر إلى أن والده كان سكيرًا عديم الضمير وقام بعمليات احتيال! ومن الواضح أن روكفلر كان يسير في الاتجاه الصحيح.
ومن غير المستغرب أن إنجازاته ومساره المهني بدأا يشعران بالرضا عن النفس. وفي مرحلة ما، صرخ في وجه أحد موظفي البنك الذي حرمه من أموال القرض: "في يوم من الأيام سأكون أغنى رجل في العالم!"

ربما كان روكفلر هو الشخص الوحيد الذي قال هذا ثم أصبح أغنى شخص على وجه الأرض، ولكن مقابل كل قصة نجاح هناك العديد من المتسكعون الوهميين الذين صدقوا كلماتهم فقط ليفشلوا فشلاً ذريعًا في أن يصبحوا مليارديرات ـ غالبًا بسبب كبريائهم. جعل الناس يكرهونهم أكثر من ذي قبل.

كان روكفلر مدركًا لحاجته إلى الحد من نفسه وإدارة غروره على انفراد، وكان يسأل نفسه كل ليلة عما إذا كان سيسمح لهذه الأموال أن تنفخه أكثر من اللازم، بينما يحذر نفسه في الوقت نفسه من فقدان التوازن أو التهور في قراراتهم. "أبقوا أعينكم مفتوحة"، نصح نفسه؛ "لا تفقد توازنك".

وكما أوضح لاحقًا، فقد شعر بالرعب من خطر الغطرسة: إنه لأمر فظيع أن يفسد النجاح المؤقت الحكم، ويشوه التصورات، ويجعلنا ننسى من نحن حقًا! الحياة؛ الأمير الصغير من قصة سانت إكزوبيري يقدم هذه الملاحظة، مشيرًا إلى أن الرجال المغرورين نادرًا ما يتلقون أي شيء سوى الثناء؛ وعلى وجه التحديد لماذا لا ينبغي أن يكون بمثابة مترجم.

الكبرياء يُضعف هذه الحواس، أو بدلاً من ذلك، قد يغطي الأجزاء السلبية الأخرى في أنفسنا مثل الحساسية أو عقد الاضطهاد أو جعل كل شيء يتعلق بنا.

ومن المعروف أن جنكيز خان نصح أبنائه وجنرالاته، الذين سيخلفونه في نهاية المطاف، بأنه "إذا لم تتمكن من ابتلاع كبريائك، فلن تتمكن من القيادة". وقد وجدت هذه الرسالة صدى لديهم لأن السيطرة على الكبرياء قد تكون أصعب من السيطرة على الأسود البرية؛ وباستخدام الجبال كتشبيه، كثيرًا ما كان يقول إن الحيوانات يمكنها الوقوف عليها أعلى منها.

يمكن أن تشكل السلبية تهديدًا مستمرًا؛ نحن نميل إلى حماية أنفسنا من الأشخاص والأشياء التي تثبط سعينا لتحقيق دعواتنا أو تشكك في رؤيتنا، على الرغم من أن التعامل مع هذه العقبة يجب أن يكون بسيطًا. ومع ذلك، لسوء الحظ، فإن ما نركز عليه بدرجة أقل هو الحماية من المصادقة والإشباع الذي سيأتي بسرعة عندما يظهر عملنا الشاق نتائج واعدة؛ غالبًا ما يتركنا هؤلاء الأشخاص والأشياء في حالة جيدة جدًا! لمحاربة الكبرياء في وقت مبكر بما فيه الكفاية قبل أن يقتل حتما جهودنا بالكامل.
يمكن قتل الطموح بسهولة بسبب الثقة بالنفس والهوس بالنفس. وعلينا أن نبقى دائمًا على أهبة الاستعداد ضدها؛ يجب أن تؤدي معرفة الذات إلى التواضع كما أشار فلانيري أوكونور؛ عندها فقط يمكننا محاربة غرورنا من خلال معرفة أنفسنا حقًا. عندما تظهر مشاعر الفخر، اسأل نفسك هذا: ما الذي أفتقده هنا؟

هل هناك علامات يمكن أن يراها شخص أكثر تواضعًا في سلوكي اليوم والتي تحجبها أفعالي المتبجحة والمسعورة؟ الآن هو الوقت المثالي لطرح مثل هذه الأسئلة والإجابة عليها، في حين تظل المخاطر منخفضة نسبيًا مقارنة بما كانت عليه في وقت لاحق عندما تصبح الأمور أكثر إلحاحًا.

في هذه المرحلة، من الجدير التكرار أن مجرد ظهور شخص ما خاضعًا لا يعني أنه يفتقر إلى الكبرياء. إن الشعور بالتفوق على الآخرين على المستوى الشخصي لا يزال يمثل فخرًا، وقد يكون ذلك خطيرًا. وكان مونتين قد نقش على عارضة السقف مقولة لميناندر: "كبرياءك لن يؤدي إلا إلى الخراب". انتهى هذا بـ "أنت الذي تعتقد أنك شخص ما".

وطالما أننا لا نزال نسعى جاهدين، لا ينبغي للأشخاص من حولنا أن يكونوا أفرادًا فخورين ومنجزين فحسب، بل يجب أيضًا أن يكونوا أشخاصًا في مراحل مماثلة من التطور والذين يدركون أنه لا يزال هناك عمل يتعين القيام به ويفخرون بإنجازات الآخرين، فيجب أن يصبحوا كذلك. أقراننا وليس أولئك الذين لديهم الكثير من الفخر بأنفسهم والقليل من التواضع بشأن موقفهم فيما يتعلق بإحراز تقدم حقيقي. وإلا فإن الفخر يمكن أن يحجب تصورنا ويقوض حقيقة ما وصلنا إليه حاليًا من حيث الإنجازات، حيث أنه لا يزال هناك الكثير الذي يتعين علينا إنجازه حتى الآن.

بعد تعرضه لضربة في رأسه وسماع ماذر، أمضى فرانكلين حياته في القتال ضد الكبرياء؛ وهو يعلم أن ذلك سيعيق هدفه عن تحقيق الكثير، ومعرفة أن الكبرياء سيعيقه أكثر. وهكذا، على الرغم من تحقيق إنجازات مذهلة ـ الثروة والشهرة والسلطة ـ لم يواجه فرانكلين أبدًا العديد من المحن التي سببها الناس الذين لديهم رأي كبير جدًا في أنفسهم.

في جوهرها، لا تقترح هذه النصيحة تأجيل الكبرياء لمجرد أنك لا تستحقه بعد؛ بل يقول ببساطة: لا تفتخر بشيء لم يحدث بعد». أي: لا تفتخر، فليس هناك شيء لك.

الفصل الثاني عشر: العمل، العمل، العمل

فحتى أفضل الخطط قد تصبح ممارسة لا جدوى منها ما لم تتحول إلى أعمال شاقة.

يشتهر إدغار ديغا بلوحاته الانطباعية للراقصين. إلا أن قدرته الفنية شملت الشعر. وبالنظر إلى أن ديغا كان لديه مثل هذا العقل الثاقب الذي رأى الجمال في كل مكان نظر إليه، فمن المؤكد أن هناك إمكانية لقصائد عظيمة بداخله؛ وكانت قدرته هائلة! --بيتر دراكر

الاحتراف يكمن في العمل.
وهنا يكمن الفرق بين الكتابة الاحترافية والكتابة المهووسة: قبول أن امتلاك فكرة وحده لا يكفي؛ إن إعادة إنتاج تجربتك بنجاح على الورق يتطلب جهدًا ومثابرة. كتب بول فاليري في عام 1938، أن وظيفة الشاعر لا ينبغي أن تكون تجربة "الحالات الشعرية شخصيًا؛ بل تكمن مهمته في خلقها للآخرين؛ وبالتالي فإن وظيفته تكمن في إنتاج الأعمال".

باعتبارنا حرفيين وفنانين، فمن المفيد أن نخلق شيئًا ملموسًا من عملنا وصناعتنا بدلاً من خيالنا فقط. هنا يكمن التقاطع حيث يلتقي التجريد بالواقع ـ حيث يفسح الكلام المجال للفعل.

لاحظ هنري فورد عبارة شهيرة، "لا يمكنك بناء سمعتك على ما تخطط للقيام به"، في حين أوضحت نينا هولتون هذه النقطة في الدراسة التاريخية التي أجراها عالم النفس ميهالي كسيكسنتميهالي عن الإبداع: قالت النحاتة نينا هولتون في دراسة كسيكسزنتميهالي التاريخية عن الإبداع أنه بينما "تلك جرثومة الإبداع "الفكرة" قد لا تنتج شيئًا ملموسًا حتى تكتمل من خلال العمل الجاد؛ وقد عبّر رجل الأعمال الاستثماري والمتسلسل بن هورويتز عن الأمر بشكل أكثر إيجازًا: "الشيء الصعب في تحديد أهداف كبيرة وجريئة هو الاضطرار إلى ترك الناس يرحلون عندما تفشل هذه الأهداف.... هذا هو ما يعنيه العمل الجاد حقًا!" الحلم الكبير أمر سهل؛ "ما هو صعب هو الاستيقاظ في الساعة الثالثة صباحًا وأنت تتصبب عرقًا باردًا عندما يصبح حلمك أسوأ كابوس لك"
بالتأكيد، أنت تفهم أن كل شيء يتطلب العمل الجاد. ولكن هل تدرك حقًا كم سيكون هناك؟ ليس حتى تحقيق النجاح الكبير أو حتى ترك بصمتك؛ بل يجب أن يستمر مدى الحياة فيما بعد.

هل نتحدث عن عشرة آلاف ساعة أم عشرين ألفاً؟ لا يهم أي من الرقمين: لا توجد منطقة نهاية؛ والتفكير بخلاف ذلك يعني خلق مستقبل وهمي لا يتجسد أبدًا بشكل كامل. ما يهم هنا هو ببساطة التحلي بما يكفي من الصبر والعمل الجاد لتحقيق النجاح للوصول إلى ما نريد. قد لا يبدو هذا مغريا ولكنه في الواقع يعطي الأمل: يمكن تحقيق السيادة لنا جميعا شريطة أن نمتلك القدر الكافي من التواضع لنظل صبورين في حين نثابر على تحقيق كل ذلك.

في هذه المرحلة، يجب أن تفهم لماذا قد تثير فكرة كهذه وترًا حساسًا داخل الأنا.

في متناول؟! يتطلب. هذا يوحي بأنني لا أملكها الآن.

صحيح. لا أحد يفعل.

تتطلب غرورنا أن تكون الأفكار والرغبة في العمل بناءً عليها كافية، وأن يتم احتساب الساعات التي نقضيها في التخطيط وحضور المؤتمرات أو التحدث مع الأصدقاء المعجبين ضمن تعريفنا للنجاح، وأن يتم تعويض ذلك بشكل جيد وتنفيذه في المشاريع التي تجذب الانتباه أو التقدير. أو المجد.

يفرض الواقع أن المكان الذي نركز فيه طاقاتنا هو الذي يحدد النتائج.

بدأ بيل كلينتون في جمع بطاقات الملاحظات عندما كان شابًا لتتبع الحلفاء المحتملين عند دخوله السياسة لاحقًا. كل ليلة قبل أن يحتاج إليهم في أي مهمة محددة، كان يتصفح صندوق الملاحظات هذا، أو يتصل بالأشخاص أو يكتب الرسائل قبل إضافة ملاحظات حول التفاعلات التي قاموا بها. وبمرور الوقت، نمت مجموعته إلى ما يقرب من 10000 بطاقة (تمت ترقيمها في النهاية)، مما دفعه في النهاية إلى منصبه ويستمر في دفع الأرباح حتى اليوم.

فكر في تشارلز داروين، الذي عمل لعقود من الزمن على نظريته عن التطور بينما منع نشرها لأنها لم تكتمل أو تكتمل بعد. لم يكن أحد يعلم بالأمر ـ أو يستطيع أن يفهم ـ ما كان يعمل عليه ـ لم يقل أحد شيئًا مثل: يا تشارلز، من فضلك خذ وقتك؛ عملك ضروري جدا! لم يتمكنوا من معرفة. تشارلز لم يفعل ذلك أيضاً؛ كل ما كان يعرفه هو أنه لم يكتمل بعد وأنه لا يزال من الممكن أن يتحسن؛ تلك المعرفة وحدها جعلته يستمر.

هل نقضي أيامنا بمفردنا، نكافح مع عمل قد يصل أو لا يصل إلى أي مكان، وربما يكون محبطًا أو محبطًا أو مؤلمًا؟ أم أننا نكسب عيشنا من خلال العمل، كما يفعل الرياضيون العظماء؟ أم أننا نتشتت عن طريق البحث عن الاهتمام على المدى القصير أو التحقق من الصحة من خلال العصف الذهني الذي لا نهاية له أو الثرثرة الخاملة؟

Fac, si facis (إذا كان لا بد من القيام به، فافعله).

هناك تعبير لاتيني مناسب آخر: Materiam superabat opus (نبدأ من حيث). التصنيع يتفوق على المادة). تضعنا جيناتنا وعواطفنا ومواردنا المالية، ولكن ما يهم هو ما نصنعه من تلك المواد ـ أو النفايات

كلاعب كرة سلة شاب، كان بيل برادلي يذكر نفسه في كثير من الأحيان: إذا لم تكن تتدرب، فإن شخصًا آخر يتدرب؛ عندما يحين الوقت قد تقابلهم فسوف ينتصرون." وبالمثل، يقول الكتاب المقدس: `طوبى لهؤلاء العبيد الذين يجدهم سيدهم مستيقظا عندما يأتي. قد تقنع نفسك أنك خصصت ما يكفي من الساعات أو تتظاهر بأنك تعمل؛ وفي نهاية المطاف سيصل شخص ما ويختبر أخلاقيات عملك ـ أو سيكتشف أن هناك خطأ ما

بينما أصبح برادلي لاعبًا أمريكيًا بالكامل، وروديس سكولار، وبطلًا مرتين مع فريق نيويورك نيكس، وفي النهاية عضوًا في مجلس الشيوخ الأمريكي - فهذا يوضح نوع التفاني الذي يمكن أن يأخذك إلى أماكن.

وبما أنه لا يمكن تحقيق النصر دون جهد، فيجب علينا اغتنامه الآن.

ألن يكون من المدهش لو كان العمل سهلاً مثل فتح الوريد والسماح للعبقرية بالتدفق؟ أو إذا كان من الممكن أن تصبح الاجتماعات فرصًا لإظهار تألقك وإضفاء الإلهام على كل اجتماع؟ باستخدام هذا المنطق، يمكننا أن نسير نحو القماش، ونرمي الطلاء عليه، ونرى الفن الحديث يظهر أمامنا؟ لسوء الحظ، لا يمكن لهذا الخيال أو الكذب أن يوجد في الحياة الواقعية.

العودة إلى مبتذلة قديمة أخرى: زيف الأمر حتى تصنعه (الملاءمة حتى يأتي الاستراحة الكبيرة). في ظل عالمنا الذي يتسم بالمنافسة المفرطة، حيث قد يكون من الصعب التمييز بين المنتجين الحقيقيين والمروجين الذاتيين الماهرين، فإن الكثيرين سوف يلجأون إلى هذا التكتيك من أجل ممارسة ألعاب الثقة والفوز بالفرص التي لا يمكنهم تحقيقها بطريقة أخرى. لكن كونك صادقًا لا ينبغي أبدًا أن يتطلب من أي شخص آخر تزييفه ـ فهذا يجب أن يأتي بشكل طبيعي مع مرور الوقت. فلماذا يحاول أي شخص القيام بأي شيء أقل بنفسه؟

في كل مرة تجلس فيها للعمل، ذكِّر نفسك: بتأخير إشباعي بهذه المهمة، فإنني أؤجل الإشباع الفوري؛ اجتياز اختبار الخطمي؛ كسب ما يتطلبه طموحي مني والاستثمار في نفسي بدلاً من الاستثمار في ذاتي. الاعتراف بنفسك لاتخاذك هذا الاختيار، ولكن لفترة وجيزة فقط؛ الآن هو الوقت المناسب للعودة إلى الممارسة والعمل وتحسين نفسك.

العمل يعني أن تكون وحيدًا على المسار بينما يبقى الجميع في الداخل بسبب سوء الأحوال الجوية. العمل يعني تحمل الألم والمسودات/النماذج الأولية السيئة للقيام بعملك؛ بغض النظر عن أي استحسان يتلقاه الآخرون وأيًا كان الثناء الذي قد يأتي في طريقك؛ لأن هناك عملاً يحتاج إلى القيام به وهو لا يجمل رغم ما قد يواجهه من تحديات.

يقول أحد الأمثال القديمة: يمكنك معرفة العامل من الرقائق التي يتركها على الأرض. خذ هذه النصيحة على محمل الجد، لتقييم التقدم بدقة، ما عليك سوى النظر إلى الطابق السفلي.

الفصل 13: الأنا هي عدوتنا، عندما يتعلق الأمر بالنجاح المستقبلي...

غالبًا ما يكون التواضع بمثابة المنصة التي تتجذر عليها طموحات الشباب وتنمو.

- شكسبير نحن نعرف أين نريد أن نصل في نهاية المطاف: النجاح. نحن نتطلع إلى ترك بصمة مؤثرة على المجتمع بينما نجمع الثروة والتقدير والمكانة لأنفسنا ولمن نمثلهم. من الناحية المثالية، نريد كل شيء.

المشكلة هي افتقارنا إلى الإيمان بأن التواضع سيوصلنا إلى حيث نريد أن نذهب؛ يخشى أن يكون التواضع يعني "الخضوع والدوس والإحراج وعدم الأهمية".

في منتصف حياته المهنية، ربما وصف شيرمان الخيالي نفسه بعبارات متطابقة تقريبًا. لم يكسب الكثير من المال ولم يفز بأي معارك ملحوظة. ولم يتصدر اسمه ولا أسماء الآخرين عناوين الأخبار أو تم نشره على نطاق واسع. ربما قبل الحرب الأهلية بدأ يتساءل عما إذا كان هذا المسار الذي اختاره سيقوده حقًا إلى أي مكان جيد.

هذا التفكير يخلق الصفقة الفاوستية التي تحول معظم الطموحات النبيلة إلى إدمان وقح. في البداية، قد تبدو الأنا متكيفة؛ يمكن اعتبار الجنون بمثابة الجرأة بينما يمكن اعتبار الأوهام ثقة؛ الجهل بالشجاعة ـ لكن كل هذا لا يؤدي إلا إلى تأخير التكاليف إلى وقت لاحق.

لم يقل أحد قط، إذا نظرنا إلى حياة شخص ما بأكملها، إن الأنا المفرطة كانت تستحق ثمنها.

الخاص بفجوة الذوق/الموهبة أثناء المناقشات المحيطة بقضايا الثقة Ira Glass يتبادر إلى الأذهان مفهوم داخل المنظمة.

يمكن أن يكون العمل الإبداعي جذابًا للغاية؛ أولئك منا الذين يميلون إلى الدخول فيه لأن لدينا ذوقًا جيدًا. ومع ذلك، غالبًا ما يكون هناك صراع أولي عند البدء؛ قد تنتج أشياء أقل من ممتازة في أول عامين من إنشائها مقارنة بما كانت عليه في وقت لاحق.
قد لا تكون وصفتك رائعة؛ إلا أنها تمتلك الطموح والذوق للوصول إلى العظمة؛ ومع ذلك، فإن ما يفتقر إليه في التنفيذ، يترك الكثير مما هو مرغوب فيه بالنسبة لك ولعشاق الطعام الآخرين على حد سواء. لقد جذبك ذوقك إلى هذا المسعى في المقام الأول ولا يزال قوياً بما يكفي بحيث يسمح لك بتمييز أن ما يخرج مخيب للآمال إلى حد ما بالنسبة لذوقك.

في أوقات الصراع أو عدم الرضا عن عملنا وأنفسنا، يمكن للأنا أن توفر الراحة. لا أحد يحب النظر إلى الداخل ورؤية أن ما أنجزه لا يلبي التوقعات ـ لذلك بدلاً من ذلك قد نستخدم قوة الشخصية أو الدافع والعاطفة لإخفاء الواقع وتغطية عيوبنا بآليات دفاع أكثر قوة. أو يمكننا قبول عيوبنا بأمانة وتخصيص الوقت والجهد لتحسينها ـ وهذا يمكن أن يساعدنا على زيادة تواضعنا؛ نرى أين تكمن مواهبنا وكذلك مجالات التطوير؛ ثم نبذل الجهود التي تخلق عادات إيجابية دائمة طوال حياتنا المهنية والتي ستستمر طوال حياتنا المهنية وماضينا.

ربما كانت الأنا مغرية في أيام شيرمان؛ الآن نرى إغواءه بشكل أكثر مباشرة عندما يتدرب لانس الكبرياء أرمسترونج لسباق فرنسا للدراجات عام 1999 أو يفكر باري بوندز في دخول عيادة BALCO. والخداع يجرباننا. نحن نبالغ في تقدير الفوز بأي ثمن، بينما نبالغ في التأكيد على أهمية الفوز بأي ثمن ـ الجميع يفعل ذلك، كما نقول لأنفسنا؛ لا توجد طريقة لضربهم دون استخدام العصير أيضًا!

إن الطموح الذي يتم تحقيقه بشكل جيد يعني مواجهة الحياة بثقة هادئة على الرغم من عوامل التشتيت، بينما يلجأ الآخرون إلى العكازات للحصول على الدعم. أن تكون حقيقيًا يتطلب أن تكون صادقًا مع نفسك: أن تقف صامدًا في وجه الإغراءات لتقليل القلق من خلال الاستسلام؛ أن تظل صادقًا مع من هو حقًا كفرد وأن تكون صادقًا مع نفسك في كل ما يأتي في طريقك على الرغم من أي ألم قد يسببه ذلك؛ لا يجري.

لقد اتخذ شيرمان القرار الصحيح عند اختيار مهنته من أجل إعداد نفسه عندما تكون بلاده وتاريخها في أمس الحاجة إليه، مما يمكنه من إدارة المسؤوليات الجسيمة التي ستقع على عاتقه قريبًا. لقد مكنته من أن يتطور إلى رجل طموح لكنه صبور، مبتكر دون أن يكون جريئا، شجاعا دون أن يكون محفوفا بالمخاطر؛ قائد استثنائي بالفعل!

فرصتك الآن هي السيطرة وممارسة لعبة غير تقليدية، والمخاطرة لتحقيق أهداف جريئة يمكن أن تغير حياة الناس إلى الأبد. لكن كن حذرًا ـ سيتم اختبار ما ينتظرنا بطرق لا يمكنك حتى أن تبدأ في تخيلها، لأن النجاح يمكن أن يخلق مجموعة من الضغوط الخاصة به، بما في ذلك تلك الناجمة عن غرورك!

هل أنت مستعد لما يعنيه هذا؟ الآن هي فرصتك.

أخيرًا وصلنا إلى قمة الجبل الذي عملنا بلا كلل على تسلقه ـ أو على الأقل أصبح في الأفق! ولكن الآن هناك إغراءات ومشاكل جديدة تنتظرنا في بيئة لا ترحم، في حين يبدو النجاح في حد ذاته سريع الزوال. لماذا يبدو النجاح عابرًا؟ الأنا تختصرها. حتى التآكل المفاجئ أو البطيء قد ينتهي فجأة ـ نتوقف عن التعلم، ونتوقف عن الاستماع، ونفقد المسار الذي يهمنا حقًا ـ ونصبح ضحايا لأنفسنا وللمنافسة على حد سواء. إن الرصانة والانفتاح والتنظيم والغرض هي عوامل استقرار كبيرة تساعد في موازنة أي مشاعر فخر أو أهمية ذاتية قد تصاحب الإنجاز أو التقدير.

يتم تقديم شخصيتين متميزتين لنا للنظر فيهما وتقليدهما؛ أحدهما ذو طموح متفاخر وشهوة باهظة، والآخر ينضح بالتواضع المتواضع والعدالة العادلة. هناك نموذجان أو صورتان بمثابة نماذج يمكن أن نصمم منها شخصيتنا وسلوكنا؛ أحدهما أكثر مبهرجًا وملونًا في لونه بينما الآخر أكثر دقة وجمالًا بشكل مذهل في مخططه.

كان هوارد هيوز الأب مخترعًا وقطبًا في مجال الأدوات وتوفي فجأة عن عمر يناهز 54 عامًا إثر نوبة قلبية مفاجئة في اجتماع عمل في يناير 1924. وكان نجل هوارد هيوز جونيور يبلغ من العمر ثمانية أعوام فقط. تركت وفاته ابنه دون أي شخصية أب لرعايته أو القيام بأي مشاريع تجارية. وبدلاً من ذلك اختار حياة هادئة مليئة بالعزلة عن المجتمع والانعزالية كإرث له.

قام يونج هيوز بخطوة غير عادية من البصيرة عندما قرر شراء جميع أسهم أقاربه والسيطرة على الشركة بأكملها بنفسه، رغم اعتراضاتهم وبينما كان لا يزال يعتبر ثانويًا من الناحية القانونية. ومن خلال القيام بذلك، حصل هيوز على ملكية مؤسسة من شأنها أن تدر أرباحًا بالمليارات على مدار 100 عام من عمرها.

اتخذ يونج هيوز قرارًا تجاريًا جريئًا ومتهورًا عندما أسس إمبراطورية هيوز دون خبرة تجارية كبيرة أو تعليم رسمي. خلال حياته المهنية، جمع واحدًا من أكثر السجلات التجارية إحراجًا وإسرافًا وعدم أمانة على الإطلاق ـ مما أدى إلى خلق شيء أقرب إلى النشاط الإجرامي من المشروع الرأسمالي. إذا نظرنا إلى الوراء، فإن السنوات التي قضاها على رأس السلطة تشبه فورة إجرامية محرجة أكثر من أي وقت مضى من أي مشروع رأسمالي.

لا يمكن للمرء أن يجادل أبدًا في أن هيوز كان موهوبًا، وصاحب رؤية، ورائعًا. الأمر كذلك بكل بساطة. كان هيوز عبقري ميكانيكي حرفيًا، وكان أيضًا أحد أشجع الطيارين خلال الأيام الأولى للطيران ـ وكان هو نفسه طيارًا استثنائيًا! علاوة على ذلك، بصفته رجل أعمال ومخرج أفلام، كان يتمتع بقدرة خارقة على التنبؤ بالتغيرات واسعة النطاق التي أدت في النهاية إلى تحويل ليس فقط الصناعات المرتبطة به، بل أمريكا ككل.

ولكن بعد تجريد أسطورته وشهرته من أجل الترويج لنفسه، لم يتبق منه سوى صورة واحدة: رجل مهووس بالغرور أنفق مئات الملايين من الثروات دون أن يترك وراءه أي شيء ذي قيمة لخلفائه، ثم مات أخيرًا بسبب فشله الذريع في الفقر.
ليس من قبيل الصدفة أو بسبب قوى خارجية أو منافسة؛ بل يرجع ذلك فقط تقريبًا إلى أفعاله.

تخلى هيوز على الفور عن شركة الأدوات التي اشتراها من عائلته لنفسه، باستثناء الاستمرار في سحب احتياطياتها النقدية. غادر هيوستن ولم يعد إلى مقرها مرة أخرى أبدًا، وانتقل بدلاً من ذلك إلى لوس أنجلوس سعيًا لأن يصبح منتجًا سينمائيًا ومشهورًا.

خسر هيوز أكثر من 8 ملايين دولار من الأسهم التجارية من سريره قبل حدوث الكساد الكبير. استغرق فيلم Hell's Angels ثلاث سنوات وبلغت تكلفته 4.2 مليون دولار؛ كلفه إنتاجه خسارة تقدر بـ 1.5 مليون دولار من ميزانيته البالغة 4.2 مليون دولار؛ كاد أن يفلس شركة الأدوات الخاصة به في هذه العملية. بعد فشله في تعلم الدرس في المرة الأولى، خسر هيوز 4 ملايين دولار أخرى من تداول أسهم كرايسلر في أوائل عام 1930.

بعد ترك الأوساط الأكاديمية خلفه والمغامرة في مجال الطيران من خلال تأسيس شركة هيوز للطائرات كمقاول دفاعي، وجد هيوز نفسه يكافح من أجل الوفاء بالتزاماته التجارية والشخصية بينما كان يناضل ضد مأساة شخصية حادة كمخترع وفشل الشركة. على الرغم من إنجازات هيوز العديدة كمخترع ومبدع، إلا أن هذا المشروع أثبت في النهاية عدم نجاحه. كان العقدان اللذان أبرمهما خلال الحرب العالمية الثانية بقيمة إجمالية تبلغ 40 مليون دولار بمثابة فشل ذريع على حسابه الشخصي ودافعي الضرائب الأمريكيين. اشتهر أطلق هيوز .Spruce Goose :هيوز بتطوير وقيادة واحدة من أكبر الطائرات التي تم بناؤها على الإطلاق على هذه الطائرة الضخمة اسم "هرقل"، واستغرق الأمر خمس سنوات وأنفق حوالي 20 مليون دولار قبل أن تطير مرة واحدة فقط لمسافة ميل واحد تقريبًا ـ على ارتفاع 70 قدمًا فقط فوق الماء! وبناءً على أوامره ونفقاته، بقيت لسنوات في حظيرة مكيفة في لونج بيتش بتكلفة سنوية تقدر بمليون دولار. قرر هيوز المغامرة وتكبد خسائر تزيد عن 22 RKO Movie Studio بشكل أعمق في مجال صناعة الأفلام، حيث اشترى مليون دولار على مدى عدة سنوات (بينما انتقل من ألفي موظف إلى أقل من خمسمائة عندما دمره). بعد أن سئم من كلا الشركتين كما هو الحال مع شركة الأدوات، قام بحل التعاقدات الدفاعية تمامًا وترك إدارتها للمديرين التنفيذيين بدلاً من ذلك ـ وهو ما أثبت نجاحه لاحقًا على الرغم من هيوز.

للوهلة الأولى، قد يكون من المغري التوقف هنا لتجنب المزيد من المداولات ـ ولكن هذا يعني التغاضي عن الاحتيال الضريبي الواسع النطاق الذي قام به هيوز؛ تحطم طائرته وحوادث السيارات المميتة. الملايين التي أنفقت على المحققين الخاصين، والمحامين، وعقود النجمات التي رفض السماح لها بالعمل بموجب عقد، بالإضافة إلى الممتلكات التي لم يعيش فيها أبدًا؛ فقط التعرض العلني هو الذي جعله يتصرف بمسؤولية. جنون العظمة والعنصرية وسلوك التنمر وكذلك الزيجات الفاشلة وإدمان المخدرات بالإضافة إلى العديد من المشاريع والشركات التي أساء إدارتها.

كتبت الشابة جوان ديديون: "احتفالنا بهوارد هيوز يخبرنا بشيء مثير للاهتمام عن أنفسنا". وكانت محقة تمامًا: كان هيوز واحدًا من أسوأ رجال الأعمال في القرن العشرين على الرغم من شهرته؛ معظم هؤلاء فشلوا ولم يتركوا أي أثر، مما يجعل من الصعب تحديد سبب فشل مساعيهم بالضبط؛ بفضل الأرباح التي حققتها شركة والده (والتي وجدها هيوز مملة للغاية بحيث لا يمكن التدخل فيها)، تمكن هيوز من البقاء واقفا على قدميه مما سمح لنا أن نشهد بشكل مباشر الضرر الذي أحدثته غروره بنفسه وبالآخرين وما أراد تحقيقه.

إن انحدار هوارد البطيء إلى الجنون يتطلب المزيد من التوضيح. وتصوره سيرته الذاتية جالسا عاري الصدر، غير مغسول، وغير مرتب على كرسي أبيض محبوب، يعمل على مدار الساعة لإفشال المحامين والتحقيقات والمستثمرين وتغطية الأسرار المخزية التي تهدد بتفكيك إمبراطوريته وكشف أسرارها المشينة. كان يرسل مذكرات تبدو غير عقلانية حول المناديل الورقية أو تحضير الطعام والتي لا ينبغي للموظفين مناقشتها معه مباشرة؛ ثم يتوصل بعد ذلك إلى استراتيجيات رائعة للتغلب على الدائنين والأعداء على حد منقسمة إلى قسمين. ووفقا لهم، يبدو الأمر كما لو أن IBM سواء. لقد لاحظوا، وهو ما لم يصدقوه، أن شركة Edsels قد أنشأت شركتين تابعتين ـ واحدة تنتج أجهزة الكمبيوتر مع أرباح، والأخرى تنتج IBM "شركة مع خسائر". إذا أراد المرء رسمًا توضيحيًا للأنا والدمار مجتمعين في حزمة واحدة، فإن القليل من الصور

يمكن أن تتفوق على هذه الرؤية لرجل مكثف يعمل بيد واحدة لتحقيق أهدافه بينما يعمل بنفس القدر باليد الأخرى لتقويضها.

لم يكن هوارد هيوز مجنونًا تمامًا ولا طبيعيًا تمامًا؛ بل إن غروره، الذي غذته وتفاقمته الإصابات الجسدية الناجمة عن حوادث الطائرات والسيارات التي كان مسؤولاً عنها، فضلاً عن الإدمانات المختلفة، قادته إلى الظلام الذي بالكاد يمكننا تخيله. كانت هناك فترات قصيرة من الوضوح يظهر فيها عقل هوارد الحاد ـ وهي الأوقات التي ظهرت فيها بعض أفضل حركاته ـ ولكن مع تقدم الوقت، أصبحت هذه الحالات أقل تكرارًا حتى تم التغلب في نهاية المطاف على هوارد من الهوس والصدمة بقدر ما تغلب عليه غروره. وحده ـ قتل هوارد في النهاية بقدر ما يمكن لأي منهما أن يفعله بمفرده قبل وفاته في نهاية المطاف على يد كليهما.

لن يفعلها إلا من يريد رؤيتها. قد يكون الأمر أكثر جاذبية وجاذبية أن تتخيل نفسك كملياردير متمرد، وشخصية عالمية غريبة الأطوار ومعروفة ومستعدة للمخاطرة بكل شيء مقابل ما يبدو أنه لا شيء في المقابل. توفي هوارد هيوز وحيدا، في مصحة من صنعه. ومن المؤسف أنه لم يستمتع إلا بالقليل من الفرح مما قدم له. والأهم من ذلك ـ إهدار الموهبة والشجاعة والطاقة التي كان ينبغي استخدامها بشكل أفضل، مما أعطى الإنسانية أملًا أكبر بكثير في الحلم الأمريكي.

أشار أرسطو إلى أنه بدون الفضيلة والتدريب، يصعب قبول الحظ السعيد بشكل مناسب. يمكننا أن نتعلم من هيوز، حيث كان فشله واضحًا جدًا. إن حاجته المستمرة إلى تسليط الضوء، مهما كانت غير سارة، توفر لنا نافذة على أنفسنا: ميولنا ونضالاتنا وأفراح نجاحنا أثناء ظهورها خلال حياته المضطربة ـ كانت هوليوود وصناعة الدفاع ووول ستريت وصناعات الطيران جميعها أهدافًا. من غروره الهائل وطريقه المدمر ـ نرى إمثالاً لشخص نتشارك جميعًا في دوافعه.

ومع ذلك، فهو ليس الشخص الوحيد الذي اتبع مثل هذا المنحنى في التاريخ. فهل ستسير على خطاه؟

في بعض الأحيان، يمكن إخضاع الأنا في الصعود. إن الفكرة القوية أو التوقيت المثالي أو الولادة في الثروة والسلطة قد تدعم مؤقتًا أو حتى تعوض الأنا القوية للغاية. عندما يصل النجاح ـ كما حدث مع فريق البطولة الذي احتفل به للتو ـ تبدأ الأنا في ممارسة التلاعب بعقولنا وإضعاف الإرادة التي جعلتنا نفوز في المقام الأول. الإمبراطوريات تنهار دائما. لذلك يجب علينا أن نفكر لماذا وكيف تميل الإمبراطوريات إلى الانهيار من الداخل.

كان هارولد جينين معروفًا على نطاق واسع بأنه أسس نموذج التكتل الدولي الحديث. من خلال سلسلة من عمليات الاستحواذ والاندماج والاستحواذ (أكثر من 350 في المجموع)، تمكن من رفع إيرادات شركة ITT من مليون دولار في عام 1959 إلى ما يقرب من 17 مليار دولار بحلول عام 1977 ـ وتقاعد قبل أن يشير البعض إلى أن نفوذه أصبح كبيرًا جدًا. ربما تم وصف جينين نفسه بأنه مغرور. ومع ذلك، فقد تحدث بصراحة عن آثاره داخل صناعته، محذرًا المديرين التنفيذيين الآخرين من مثل هذه الاتجاهات.

أشار جينين، في بيانه الشهير حول مرض رجال الأعمال في عملهم، إلى أن إدمان الكحول لم يكن" بالضرورة أسوأ مرض؛ بل كان الأنانية." خلال عصر الشركات الأمريكية في عصر رجال المجانين، كانت هناك مشكلة خطيرة في شرب الخمر، لكن انعدام الأمن والخوف والموضوعية يمكن أن تتفاعل جميعها مع بعضها البعض ـ وهذا يعمي الناس عن الواقع بينما ينغمسون أكثر في أنانيتهم الشخصية ـ ويصبحون أعمى عن الواقع بينما يعيشون داخل عالمهم الخاص ـ يصبحون أعمى عن الواقع. خطير على أولئك الذين يعملون تحت قيادته لأنهم يعتقدون بصدق أنه لا يستطيع أن يرتكب أي خطأ ". كتب جينين مذكراته أنه عندما

يواجهون هذه الأمراض يمكن أن يصبحوا غير قابلين للإدارة بل وخطيرين للعمل تحت إشراف بعضهم البعض ـ وهو أمر لم تشهده أي صناعة أخرى من قبل!

بمجرد أن نحتفل بأنفسنا لأننا أنجزنا شيئًا ما، يمكن للأنا أن تلحق الضرر بإخبارنا بأننا مميزون وأفضل من أي شخص آخر؛ وبالتالي فإن القواعد لا تنطبق علي. أفضل ما قاله فيكتور فرانكل: "الإنسان تحركه الدوافع، لكنه يجذبه القيم". إذا أردنا أن يستمر نجاحنا إلى ما هو أبعد من مجرد ومضة، فإن فهم هذا الشكل الجديد من الأنانية والمبادئ اللازمة للتغلب عليها هي خطوات أساسية نحو تحقيق ذلك.

النجاح يمكن أن يكون مسكرًا، لكن الحفاظ عليه يتطلب الحذر والاعتدال. لا يمكننا أن نتعلم إذا كنا نعتقد أننا نعرف كل شيء بالفعل؛ ولا ينبغي لنا أن نقع فريسة لأساطيرنا أو الضجيج والثرثرة الخارجية؛ بل يجب علينا أن نقبل أننا جزء من عالم مترابط ونركز على تطوير الأنظمة والمنظمات حول ما نقوم به والذي يركز على العمل نفسه وليس حول أنفسنا.

تم التراجع عن هيوز بسبب الأنا. سنواجه جميعًا خيارات مماثلة في مرحلة ما خلال حياتنا المهنية ـ سواء كانت مبنية من لا شيء أو تنتقل من جيل إلى جيل؛ الثروة المالية أو المواهب المتقدمة؛ نفس مبادئ الإنتروبيا تهدد نجاحك بقدر ما تسعى إلى تدميره الآن.

هل يمكنك إدارة النجاح أم أنه سيدمرك؟

الفصل 15: كن متعلمًا دائمًا

كل شخص أقابله هو بمثابة أستاذي بشكل أو بآخر، ومن هذه العلاقة أكتسب المعرفة.

كان جنكيز خان أسطوريًا خلال حياته: فاتحًا بربريًا جريئًا مملوءًا بالدماء وأرعب المجتمعات المتحضرة من حوله. ما زلنا نتعرف على اسمه اليوم.

قاد الحاكم المغولي جنكيز خان حشدًا مغوليًا لا يشبع عبر آسيا وأوروبا، وقام بنهم واغتصاب وقتل ليس فقط الأفراد في طريقهم، بل أيضًا ثقافات بأكملها أنشأوها أثناء سيرهم بلا هوادة ـ فقط لكي يختفي هذا التهديد ببساطة في التاريخ باعتباره إرثهم. لم يصمدوا أبدًا على الرغم من كل أعمال النهب الملطخة بالدماء. مثل محاربيه البدو من قبلهم، تفككت هذه السحابة الرهيبة ببساطة حيث لم يبق أي شيء دائم قائمًا لأن المغول لم يخلقوا شيئًا ذا قيمة دائمة ليتحمل مع مرور الوقت مقارنة بفرقتهم من المحاربين الرحل ـ على عكس أسلافهم المحاربين الرحل، تفرقت هذه السحابة ببساطة من التاريخ لأن المغول لم يتم بناء أي شيء يدوم.

وكما هو الحال في كثير من الأحيان في التقييمات العاطفية والرجعية، فإن هذا التفسير لا يمكن أن يكون أبعد عن الصحة. لم يكن جنكيز خان واحدًا من أعظم العقول العسكرية على الإطلاق فحسب؛ لقد كان أيضًا متعلمًا متواصلًا، وغالبًا ما جاءت انتصاراته المذهلة من خلال تبني وتكييف الابتكارات من كل ثقافة واجهها في إمبراطوريته.

لقد جسد جنكيز خان إحدى السمات الرئيسية في عهده والقرون اللاحقة من حكم الأسرة الحاكمة: "التخصيص." تحت توجيهات جنكيز خان، كان المغول ماهرين في أخذ ما هو أفضل من الغزو نفسه من الثقافات الأخرى. حتى بدون الاختراعات التكنولوجية أو المباني ذات الجمال الرائع أو الفن العظيم التي تم إنشاؤها خلال فترة حكمه، تعلمت ثقافتهم شيئًا جديدًا مع كل معركة واجهوها أو عدو قاموا بغزوه ـ لم يكن هذا بسبب موهبة استثنائية ولكن بدلاً من ذلك "دورة واسعة من التعلم العملي" والتكيف التجريبي والمراجعة المستمرة، مدفوعًا بإرادته المنضبطة والمركزة بشكل فريد."

لقد كان أحد أعظم الغزاة الذين شهدهم العالم على الإطلاق، وذلك بسبب رغبته غير العادية في التعلم. لم يكن لدى أي فاتح آخر مثل هذا الانفتاح على النمو.

حقق خان نجاحات مبكرة من خلال إعادة هيكلة وحداته العسكرية من خلال تنظيمها في مجموعات تضم كل منها عشرة جنود، آخذًا هذا التكتيك من الحكام المجاورين.

ساعدت القبائل التركية في تحويل المغول عن غير قصد إلى النظام العشري. وسرعان ما قدمت لهم إمبراطوريتهم المتوسعة شيئًا لم يختبروه من قبل: المدن المسورة. سرعان ما أصبح خان ماهرًا في حصار المدن المحصنة من خلال غاراته التانغوتية، وسرعان ما تعلم التعقيدات المعقدة للقتال ضد التحصينات، والتكتيكات اللازمة لحصار آلات الحصار القادرة على اختراق أسوار المدينة، بمساعدة المهندسين الصينيين الذين علموه. وفي وقت لاحق قام بتعليم جنوده كيفية بناء آلات الحصار التي يمكنها إسقاطهم بسهولة. عندما شن خان حملاته ضد الجورشيين، تعلم قيمة تنمية العلاقات الطيبة بينه وبين شعبها الذي غزاه. من خلال العمل الوثيق مع العلماء والعائلات المالكة من كل منطقة تم فتحها، تمكن خان من إدارة أراضيه بنجاح أكبر من معظم الإمبراطوريات. سيوظف خان بعد ذلك بعضًا من أذكى المنجمين والكتبة والأطباء والمفكرين والمستشارين في كل بلد أو مدينة يسيطر عليها من أجل مساعدة جهود قواته؛ وسافرت قواته مجهزة بالمحققين والمترجمين لهذا السبب بالذات.

وكان من المعتاد في ثقافتهم الحفاظ على السلام. في حين أن المغول أنفسهم غالبًا ما كانوا يركزون على الحرب وحدها، فقد استخدموا كل حرفي ماهر وتاجر وباحث وفنان وطاهي وعامل ماهر لصالحهم. واشتهرت الإمبراطورية المغولية بحرياتها الدينية وانفتاحها على الأفكار والثقافات الجديدة، وخاصة حبها للتعلم وتقارب الثقافات. على سبيل المثال، أدخلت الليمون إلى الصين لأول مرة على الإطلاق، والمعكرونة الصينية إلى الدول الغربية لأول مرة على الإطلاق. علاوة على ذلك، تم إدخال السجاد الفارسي وتكنولوجيا التعدين الألمانية وتكنولوجيا تشغيل المعادن الفرنسية والإسلام في جميع أنحاء نطاقها. وقيل إن مدفعها نتج عن اندماج البارود الصيني وقاذفات اللهب الإسلامية وصناعة المعادن الأوروبية معًا من خلال الانفتاح المغولي على التعلم والأفكار الجديدة؛ كل ذلك معًا يخلق حربًا ثورية أحدثت ثورة في الحرب!

مع تقدمنا في النجاح، تظهر لنا مواقف ومشاكل جديدة. يجب على الجندي الذي تمت ترقيته حديثًا أن يتعلم السياسة؛ بائع، إدارة؛ تفويض المؤسس؛ يقوم الكاتب بتحرير كتابات الآخرين؛ الممثل الكوميدي الذي يؤدي عرضًا حيًا على خشبة المسرح أو الطاهي الذي تحول إلى صاحب مطعم ويدير أجزاء أخرى من منزله ما هي إلا بعض التحديات التي تنتظرهم.

ذات مرة، أشار جون ويلر، أحد العلماء المسؤولين عن المساعدة في تطوير القنبلة الهيدروجينية، إلى أنه "مع توسع جزيرة المعرفة لدينا، يتسع هامشها أيضًا". بمعنى آخر، كل انتصار أو تقدم خان جعل أكثر ذكاءً يعرضه أيضًا لمواقف جديدة لم يواجهها من قبل ـ يتطلب الأمر التواضع والوعي الذاتي لقبول أنك تعرف أقل حتى مع اكتسابك المعرفة؛ تذكر أن سقراط كان حكيماً لأنه كان يعلم أنه لا يزال هناك الكثير مما لم يفهمه! يجلب الإنجاز معه ضغطًا متزايدًا للظهور كما لو أننا نعرف أكثر مما نعرفه حقًا، أو للاعتقاد بأننا نمتلك بالفعل كل المعرفة. إن تضخم العلم (المعرفة تتوسع)، مما يخلق القلق والمخاطر: الاعتقاد بأننا نعرف كل شيء في حين أن الفهم الحقيقي هو عملية مستمرة وتدريجية.

ذات مرة، نصح وينتون مارساليس، موسيقي الجاز الحائز على جائزة جرامي وبوليتزر تسع مرات، موسيقيًا شابًا طموحًا حول كيفية التعامل مع دراسة الموسيقى: "التواضع يعزز التعلم من خلال مواجهة الغطرسة التي تسجن الحقيقة من الظهور. دون الانغلاق عن رؤية الحقائق التي قد يقدمون أنفسهم؛ أنت لا تقف في طريقك الخاص... هل تعرف كيف يمكنك معرفة ما إذا كان الشخص متواضعًا حقًا؟ اختبار بسيط: المتواضع يراقب ويستمع باستمرار مع التحسين المستمر بدلاً من افتراض أنه يعرف الطريق.

بغض النظر عن المكان الذي أوصلتك إليه الحياة حتى الآن، ابق طالبًا أبديًا. وبدون مواصلة تجربة التعلم واستكشاف آفاق جديدة، ستنتهي الحياة بالنسبة لك بسرعة.

لا ينبغي أن يكون التعلم للمبتدئين فقط؛ بل ينبغي أن تصبح جزءا من حياتنا اليومية. تعلم من الجميع ومن كل شيء حولنا ـ أولئك الذين تغلبت عليهم أو هزمتهم، أو أولئك الذين لا تحبهم أو حتى أولئك الذين من المفترض أن يكونوا أعداء ـ هناك دائمًا فرصة لاكتشاف شيء جدير بالاهتمام؛ حتى لو كان الدرس علاجيًا في بعض الأحيان، فيجب ألا ندع الأنا تمنعنا من سماع ما يجب أن يعلمنا إياه الكون.

في كثير من الأحيان، يسمح لنا تصورنا لأنفسنا باعتبارنا أذكياء بالبقاء في فقاعة منعزلة تضمن عدم شعورنا مطلقًا بالغباء (وعدم تحدينا أبدًا لتعلم ما نعرفه أو إعادة النظر فيه). إنه يعمينا عن رؤية الفجوات أو نقاط الضعف في فهمنا حتى فوات الأوان؛ وهنا تأخذ التكلفة الصامتة مجراها.

بينما نواصل مهنتنا، يواجه كل واحد منا تهديد الأنا الذي يغرينا بعيدًا عن التعلم. عندما تقنعنا غرورنا بأننا تخرجنا، يمكن أن يتوقف التعلم تمامًا؛ لذلك، نصح فرانك شامروك ذات مرة: «لا تتوقف أبدًا عن كونك طالبًا؛ التعلم مدى الحياة لا ينتهي أبدًا".

الحل واضح ومباشر وغير مريح في البداية: ابدأ القراءة عن شيء لا تعرف عنه سوى القليل أو لا تعرف شيئًا عنه، وضع نفسك في مواقف تكون فيها الشخص الأقل معرفة، وأخضع نفسك للتحدي بناءً على افتراضات راسخة عن عمد. تبديل عقليتك. غيّر محيطك.

الهاوي دفاعي. يجد المحترفون أن التعلم (والظهور!) ممتع؛ إنهم يستمتعون بالتحدي والتواضع، والانخراط في التعليم كعملية مستمرة ولا نهاية لها.

تسعى معظم الثقافات العسكرية والشعوب إلى فرض القيم والسيطرة على ما يواجهونه، في حين تميز المغول بقدرتهم على التقييم الموضوعي لكل موقف، والتكيف حسب الضرورة، واستبدال الممارسات السابقة بممارسات جديدة عند الضرورة. تبدأ جميع الشركات الكبرى بهذه الطريقة ولكن في النهاية يحدث شيء ما ـ خذ نظرية التعطيل على سبيل المثال ـ حيث ستتعطل الصناعة في النهاية بسبب بعض الاتجاهات أو الابتكارات التي لا تستطيع المصالح القائمة مواكبتها. لماذا لا تستطيع الشركات التغيير والتكيف؟

أحد الأسباب الرئيسية هو أنهم فقدوا القدرة على التعلم، وتوقفوا عن كونهم طلابًا تمامًا. وبمجرد حدوث ذلك، تصبح معرفتك هشة.

يقول بيتر دراكر، أحد أبرز المديرين والمفكرين في مجال الأعمال، أنه لا ينبغي النظر إلى التعلم على أنه مجرد شيء نتمناه؛ مع تطور الأشخاص، من الضروري أيضًا أن نفهم كيف يتعلمون حتى يتمكنوا من تنفيذ العمليات لضمان التعليم المستمر ـ وإلا فإننا نخاطر بالوقوع في الجهل الذي فرضناه على أنفسنا.

الفصل 16: لا تحكي لنفسك حكاية!

تصبح الأسطورة أسطورة من خلال السرد المتكرر، وليس من خلال عيشها بشكل مباشر.

ابتداءً من عام 1979، قاد بيل والش فريق سان فرانسيسكو 49 من كونه أحد أسوأ الفرق في كرة القدم إلى أحد الفرق الرائدة.

ثلاث سنوات هي كل ما احتاجه ستيف يونج لقيادة فريقه من عدم الكفاءة إلى الفوز بلقب السوبر بول - وهو الأمر الذي ربما كان يبدو مستحيلًا قبل ذلك الحين! الآن، بينما كان يرفع كأس لومباردي فوق رأسه، ربما كان من المغري له أن يقول أن هذه كانت خطته منذ اليوم الأول، في حين أنه بعد عقود من الزمن عندما قام بتجميع مذكراته، كان من الممكن أن تصبح بسهولة قصته الرسمية.

لقد كانت قصة مغرية: فقد تم التخطيط بدقة لاستحواذه على السلطة، وتحوله، وتحوله، وكل ذلك حدث وفقًا للخطة تمامًا لأنه كان ببساطة جيدًا وموهوبًا. ولم يكن ليجد أحد خطأً في تلك الرواية.

ومع ذلك، رفض والش الانغماس في مثل هذه الأوهام. عندما سأل الناس والش عما إذا كان لديه أجندة للفوز كان رده دائمًا لا؛ وبعد توليه مسؤولية هذا الفريق غير الواعد، كان من غير المجدي أن ،Super Bowl بلقب تستمر مثل هذه الطموحات.

قبل وصوله، كان عمر الـ 49 عامًا يبلغ من العمر 2 و 14 عامًا وكانوا محبطين ومكسورين وبدون اختيارات مسودة وترسخوا في ثقافة الخسارة. في موسمهم الأول تحت قيادته، خسروا أربعة عشر مباراة أخرى وكادوا أن يستقيلوا في منتصف عامه الثاني - ولكن بعد أربعة وعشرين شهرًا من توليهم المسؤولية (وحوالي عام "العبقري" Super Bowl واحد من الاستقالة تقريبًا)، ها هم، بطل.

كيف حدث ذلك وهل كان هذا جزءاً من "الخطة"؟

تتطلب الإجابة على هذا السؤال فهم أساليب بيل والش عند توليه المسؤولية؛ فبدلاً من التركيز فقط على الفوز في حد ذاته، قام بتنفيذ ما أسماه "معيار الأداء"، أو ما ينبغي القيام به ومتى وكيف. على مستواه الأساسي. كان لدى والش جدول زمني واحد يركز على غرس المعايير في جميع أنحاء المنظمة.

لقد ركز على تفاصيل تبدو تافهة: لا يمكن للاعبين الجلوس في ميدان التدريب؛ كان على المدربين ارتداء ربطات العنق ووضع قمصانهم في صدرياتهم. يجب على الجميع بذل أقصى قدر من الجهد والالتزام؛ كانت الروح الرياضية ضرورية. يجب أن تظل غرف تبديل الملابس نظيفة ومرتبة، مع عدم السماح بالتدخين أو القتال أو الألفاظ النابية بالداخل؛ تم توجيه لاعبي الوسط إلى مكان وكيفية حمل الكرة ؛ خاض عمال الخطوط ثلاثين تمرينًا حاسمًا مختلفًا أثناء مراقبة طرق المرور وتصنيفها إلى درجة بوصة واحدة ؛ تم جدولة الممارسات دقيقة بدقيقة!

إن الاعتقاد بأن هذا المعيار يتعلق بالسيطرة سيكون غير دقيق؛ وبدلاً من ذلك، كان تركيزها على غرس التميز من خلال معايير تبدو بسيطة ولكنها صارمة والتي كانت أكثر أهمية من أي رؤية كبرى أو رحلة السلطة. ووفقا له، عندما يهتم اللاعبون بكل التفاصيل بأنفسهم "ستعتني النتيجة بنفسها"، وسيتبع النجاح ذلك.

كان لدى والش ما يكفي من الثقة بالنفس والتواضع ليعرف أن هذه المعايير ستؤدي إلى النصر، ومع ذلك لم يتمكن أبدًا من التنبؤ بموعد تلك اللحظة المهمة. لقد جاء ذلك بشكل أسرع من أي مدرب على الإطلاق، وكان هذا مجرد حظ في المباراة وليس بسبب أي رؤية عظيمة من جانبه؛ حتى أن أحد المدربين اشتكى في موسمه الثاني لمالك والش من أن والش كان يركز كثيرًا على التفاصيل الدقيقة وليس لديه أهداف محددة يسعى لتحقيقها ـ وهو الإجراء الذي طرد والش من أجله هذا المدرب بسبب عصيانهم وثرثرتهم ضده وطردهم إبسبب العصيان ضده. عليه وطردهم بسبب معصيته

يتوق الناس إلى الاعتقاد بأن أصحاب الإمبراطوريات العظيمة تعمدوا بنائها. نريد هذا حتى نتمكن من الانغماس في التخطيط الممتع لنا ونحصل على الفضل الكامل في أي خير يحدث أو ثروات واحترام يأتي في طريقنا. السرد هو عندما ينظر المرء إلى الوراء إلى طريق غير متوقع يقوده نحو النجاح ويقول: كنت أعرف ذلك طوال الوقت بدلاً من أن يقول: كنت آمل، أو عملت بجد، أو حصلت على بعض فترات الراحة أو اعتقدت أن هذا يمكن أن يحدث ـ على الرغم من أن كل ذلك في الحقيقة ربما كان إيمانًا. الافتراضات المدفوعة بدلاً من المعرفة القائمة على الإيمان بدلاً من المعرفة وحدها ـ من يريد أن يتذكر كل تلك الأوقات التي شككنا فيها في أنفسنا؟

إن صياغة القصص من الأحداث الماضية هي غريزة إنسانية طبيعية، لكنها خطيرة وغير صحيحة. إن بناء سردنا الخاص يمكن أن يؤدي إلى الغطرسة؛ تحويل الحياة إلى خيال بينما لا يزال يتعين علينا أن نعيشها. يكتب المؤلف توبياس وولف في كتابه "المدرسة القديمة" عن هذه التفسيرات التي تم تجميعها معًا لاحقًا بصدق أكثر أو أقل قبل تكرار ها مرارًا وتكرارًا، وبالتالي عرقلة جميع طرق الاستكشاف الأخرى. لقد أدرك بيل والش أن معيار الأداء حقًا ـ أي التفاصيل الصغيرة الخادعة ـ هو الذي كان له دور فعال في تحول فريقه وانتصاره، وليس أي لفتات عظيمة مثل تسمية نفسه بـ "العبقري". لتجنب تصدر عناوين الأخبار من كل ذلك، لم يرد عندما أطلق عليه الصحفيون مثل هذه الأسماء.

إن قبول الألقاب والروايات لن يكون بمثابة انغماس شخصي غير ضار؛ هذه الروايات لا تغير التاريخ ولكنها تمتلك القدرة على التأثير على مستقبلنا بطرق سلبية.

وسرعان ما أظهر لاعبوه المخاطر المرتبطة بأخذ القصص بشكل حرفي للغاية. مثل معظمنا، أرادوا أن يصدقوا أن انتصارهم غير المتوقع يعود إلى التميز وليس مجرد الحظ؛ بعد موسمين من فوزهم الأول في Super Bowl، عانوا كثيرًا بسبب الثقة الزائدة التي جاءت مع مثل هذه الانتصارات ـ حيث خسروا 12 من 22 مباراة بسبب منحهم قوى لا يمتلكونها بعد أو التفكير بعمق في ما حققوه سريعًا. الإنجازات تعني عنهم وتخفيف الجهد والمعايير التي كانت تدعمهم في البداية.

فقط عندما التزم الفريق بكل إخلاص بالوفاء بمعايير الأداء، بدأوا في الفوز مرة أخرى (ثلاث بطولات سوبر بولز أخرى وتسعة بطولات مؤتمرات أو أقسام في عشر سنوات). وعندما وضعوا القصص جانبًا وركزوا على إنجاز المهام المطروحة، بدأوا في الفوز مرة أخرى كما كان من قبل.

بمجرد الفوز، الجميع يريد قطعة من العمل. بمجرد وصولك إلى القمة، تصبح اللحظة التي تقضيها تحت الشمس مستهلكة للغاية؛ بسبب ارتفاع المخاطر وتضييق هوامش الخطأ. أصبح الاستماع وتلقي التعليقات أكثر أهمية الآن من ذي قبل إذا كنت تريد أن تظل ناجحًا وتنمو كفرد.

الحقائق أفضل من القصص والصور. لقد نصح برنارد باروخ بعدم محاولة الشراء عند القاع والبيع عند القمة، لأن ذلك لا يمكن تحقيقه إلا بالأكاذيب. نادراً ما ينبغي الوثوق بادعاءات الناس بشأن نشاطهم في السوق. ويدرك جيف بيزوس، مؤسس شركة أمازون، هذا الإغراء جيدًا ـ مذكرًا نفسه بأنه لم تكن هناك "لحظة آها" أثناء تطورها إلى شركة تبلغ قيمتها مليار دولار، بغض النظر عما قد يقرأه المرء في القصاصات الصحفية عن نفسه. إن إنشاء الشركات أو كسب المال في الأسواق أو تطوير الأفكار هي مساع فوضوية تخلق إحساسًا زائفًا بالوضوح الذي لم يكن موجودًا أبدًا في الوقت الفعلي ولن يحدث أبدًا.

عندما نسعى جاهدين لتحقيق النجاح، من المهم مقاومة الرغبة في إعادة إنشاء قصص الآخرين بينما نشق طريقنا نحو ذلك. ومع ذلك، بمجرد تحقيق ذلك، يجب علينا محاربة أي رغبة في التظاهر بأن كل شيء يسير وفقًا للخطة بينما في الواقع لم يكن هناك أي سرد كبير وراء ما حدث أمام أعينكم. تذكر أنك كنت حاضرا

محاضرة ذكر فيها أن إحدى الطرق التي يقيم بها Google في وقت ما، ألقى أحد الآباء المؤسسين لشركة الشركات ورجال الأعمال المحتملين هي من خلال سؤال أنفسهم "إذا كانوا سيغيرون العالم". على الرغم من إذ كان لاري بيج، Google أن هذا البيان قد يبدو جذابًا، إلا أن هذه لم تكن الطريقة التي بدأت بها شركة مصممًا كمحاولة YouTube وسيرجي برين يعملان على أطروحاتهما في جامعة ستانفورد؛ لم يكن موقع لإعادة اختراع التلفزيون؛ قام مؤسسوها ببساطة بمشاركة مقاطع فيديو مضحكة. ولا هذه هي الطريقة التي يتم بها توليد معظم الثروة الحقيقية مع مرور الوقت.

وغيرها) وعمل في Dropboxو reddit وAirbnb عاش بول جراهام (المستثمر الذي ساعد في تأسيس نفس المدينة التي عاش فيها والش بعد عقود من الزمن، ونصح الشركات الناشئة بعدم تبني رؤى عظيمة في وقت مبكر جدًا من تطورها. وبطبيعة الحال، فهو كرأسمالي يفضل الشركات التي تعطل الصناعات وتغير المشهد العالمي؛ هذا هو المكان الذي تكمن فيه أمواله. إنه يبحث عن شركات ناشئة ذات أفكار "طموحة بشكل مخيف" والتي تبدأ صغيرة قبل أن تزدهر إلى شيء هائل حقًا. "للقيام بأشياء كبيرة يجب على المرء أن يبدأ صغيرًا." وينصح بالبدء صغيرًا وزيادة الطموح تدريجيًا. إن عبارة "حافظ على هويتك صغيرة" تناسب جيدًا هنا؛ ركز على القيام بعمل يقدم بيانًا مؤثرًا بدلاً من الرؤى الكبرى التي تولد تغطية صحفية.

نقش نابليون "إلى القدر!" على خاتم الزواج الذي قدمه لزوجته. كانت هذه العبارة بمثابة وسيلته لتبرير خططه الأكثر جرأة وطموحًا. لسوء الحظ، أدى ذلك أيضًا إلى تجاوز حدوده حتى شملت مصائره الحقيقية الطلاق والنفي والهزيمة والعار ـ يذكرنا سينيكا أن أي مصير عظيم يجب أن يتضمن عبودية عظيمة.

إن نسب الذات إلى "العبقرية" قد يكون أمرًا خطيرًا؛ ولكن حتى من ذلك عندما نسمح للغطرسة بإقناع أنفسنا بأننا واحد. وبالمثل، فإن أي تسمية مرتبطة بمسيرتنا المهنية ـ مثل صانع أفلام أو كاتب أو مستثمر أو رجل أعمال أو مدير تنفيذي ـ تضع المرء في صراع ليس فقط مع الواقع ولكن أيضًا مع أي استراتيجية وراء نجاحه في المقام الأول. إن التفكير في أن النجاح يأتي بشكل طبيعي يقودنا إلى طريق خاطئ ويمكن أن يؤدي إلى المبالغة في تقدير الإبداع والمثابرة والحظ كمساهمين حيويين.

إن اغتراب شركة جوجل عن جذورها (الخلط بين الرؤية والمعرفة الفنية) سوف يؤدي في نهاية المطاف إلى بمثابة دليل على هذه الحقيقة. Plusو Google Glass تعثرها؛ في الواقع، قد تكون الإخفاقات العامة مثل غالبًا ما يتخذ الفنانون وجهة نظر معاكسة: حيث يتم الخلط بين رؤيتهم والخبرة العلمية والتكنولوجية الفنانون الذين يعتمدون على الإلهام أو الألم وحده لتغذية فنهم سيجدون أنفسهم في نهاية المطاف في قاع الزجاجة أو مدببة بالإبرة.

لأن هذا هو كل ما سيبقينا هنا.

إن إدراك وفهم ما يهمك هو مفتاح الحكمة وطول العمر في سن الشيخوخة.

في ختام الحرب الأهلية، كان يوليسيس إس جرانت وويليام تيكومسيه شيرمان من أكثر الشخصيات احترامًا واحترامًا.

أمريكا. وبعد إعفاءهم من واجباتهم بعد المساهمة في انتصاره، أعطى الأمريكيون الذين يشعرون بالامتنان لهذا البلد لكل فرد العنان لمتابعة أي مسار حياة يرغبون فيه ـ بشرط ألا يعرض الآخرين للخطر أو يهدد الولايات المتحدة نفسها.

ونظرًا لهذه الحرية، سلك شيرمان وغرانت معها مسارات مختلفة. تجنب شيرمان السياسة، ورفض أي توسلات من المؤيدين الذين يطلبون منه الترشح لمنصب (سيقول لهم لاحقًا "لدي كل الرتبة التي أريدها"). بعد أن سيطر على غروره على ما يبدو، تقاعد في النهاية إلى مدينة نيويورك فيما يبدو أنه يبدو سعادة ورضا.

لم يكن لدى جرانت ميل للسياسة وتفوق في الخدمة العسكرية على وجه التحديد بسبب عدم كفاءته في ممارسة السياسة. ومع ذلك، فقد تولى أحد أعلى المناصب في التاريخ الأمريكي: منصب الرئيس. فبعد انتخابه بأغلبية ساحقة عن طريق التصويت الشعبي، ترأس واحدة من أكثر الإدارات فسادا وإثارة للجدل والأقل فعالية على الإطلاق. على الرغم من كونه شخصًا جيدًا وفردًا مخلصًا، إلا أن واشنطن سرعان ما استنزفته؛ كان ترك جرانت كشخصية مسيئة ومثيرة للجدل في كثير من الأحيان بعد فترتين صادمًا تقريبًا بالنسبة له ـ كاد أن يكون مصدومًا من انتهاء فترتيه.

بعد انتخابه رئيسًا، استثمر جرانت تقريبًا كل سنت كان يملكه في إنشاء دار وساطة مالية مع المستثمر المثير للجدل فرديناند وارد ـ مثل بيرني مادوف من قبله، حولها وارد إلى مخطط بونزي وأفلس جرانت علنًا. كتب شيرمان بتعاطف وتفهم عن جرانت: "كان يهدف إلى منافسة أصحاب الملايين، الذين كانوا سيبذلون كل شيء من أجل انتصاره"، لكنه بدلاً من ذلك لم يحقق سوى القليل جدًا. لقد أنجز جرانت الكثير، لكنه لم يختبر أبدًا الإنجاز أو السعادة مع كل ذلك.
ولسوء الحظ، لم يكن ذلك كافيا. لم يتمكن من تمييز ما يهمه حقًا في الحياة.

في كثير من الأحيان لا تسير الأمور بالطريقة التي ننويها ـ فنحن لا نبدو أبدًا راضين عما لدينا ونتوق إلى ما يمتلكه الآخرون، ونسعى دائمًا للحصول على أكثر مما يفعل أقراننا. بينما نعرف في البداية ما هو الأكثر أهمية بالنسبة لنا، بمجرد الوصول إلى هدفنا، يصبح من السهل أن نفقد الأولويات؛ يمكن لغرورنا أن يبعدنا عنها تمامًا ويعرضها للخطر تمامًا.

بسبب شعوره بالشرف والضغوط لتغطية ديون شركته، حصل جرانت على قرض باستخدام تذكارات الحرب التي لا تقدر بثمن كضمان. بينما كان يعاني من سرطان الحلق المؤلم ويتسابق لإنهاء مذكراته قبل وفاته ـ وبالكاد نجح في ذلك!

إن المرء يرتعد عندما يفكر في القوى الحيوية التي استنزفت من هذا البطل الذي توفي عن عمر يناهز ثلاثة وستين عامًا في معاناة وهزيمة ـ وهو رجل نزيه غير قادر على التحكم في نفسه والتركيز على عبقريته

الوفيرة ـ والذي ربما كان سيحقق المزيد من الحياة لو أنهم استخدموا ذلك. تلك السنوات بشكل مختلف وحققت المزيد من النجاحات في أمريكا وأماكن أخرى. ما الذي كان يمكن أن يحققه ويساهم فيه أيضًا؟

لا يعني ذلك أنه كان وحده في هذا. نحن جميعًا نستسلم بانتظام للضغوط، من الانجذاب الغامض أو الجشع أو الغرور، ونقول نعم دون تفكير، أو بسبب الاندفاع المطلق أو الجشع أو الغرور. لأننا نخشى أن نفوت الفرصة إذا قلنا لا؛ إن الاعتقاد بـ "نعم" سيسمح بإنجاز المزيد بينما في الواقع يمنع تحقيق تقدم حقيقي نحو هدفنا المنشود؛ في كثير من الأحيان نضيع حياتنا الثمينة في القيام بأشياء لا نستمتع بفعلها لإثبات أنفسنا لأشخاص لا نحترمهم والحصول على أشياء لا نريدها!

لما نفعل هذا؟ ومن الواضح أنه ينبغي أن يكون واضحا.

الأنا يمكن أن تسبب الحسد، وانحطاطها يؤدي إلى تآكل الناس من جميع مستويات المجتمع. الأنا تدمر العظمة من خلال تعمية صاحبها عن قيمته الحقيقية.

يبدأ معظمنا حياتنا بفكرة عما نريده من الحياة؛ نحن نعرف ما هو مهم بالنسبة لنا. النجاح الذي يأتي بسرعة أو بكثرة قد يضعنا في مكان غير متوقع ـ وبعبارة أخرى، يتم دفعنا فجأة إلى بيئات جديدة حيث قد يكون من الصعب الحفاظ على اتجاهاتنا.

أثناء تقدمك على طريق الإنجاز الذي اخترته، تقابل في كثير من الأحيان أشخاصًا ناجحين آخرين يجعلونك تشعر بأنك غير مهم. بغض النظر عن مدى جودة أدائك؛ إنجازاتهم تجعلك تشعر وكأنك لا شيء؛ تمامًا كما يجعلهم الآخرون يشعرون بهذه الطريقة تجاهك. ولسوء الحظ، هذه الدورة لا تتوقف أبدا؛ لكن الحياة تستمر بغض النظر.
عن غير قصد، نقوم أحيانًا بزيادة السرعة لمواكبة الآخرين الذين يركضون لأغراض أو أعراق مختلفة. ماذا يحدث إذا كانت هناك أعراق متعددة في نفس الوقت؟

كان شيرمان يشرح لجرانت أن هناك ميزة "هدية المجوس" الساخرة في كيفية سعينا وراء الأشياء التي قد لا توفر الرضا الحقيقي أبدًا؛ في أحسن الأحوال لن يكون هناك سوى رضا مؤقت. يجب علينا جميعا أن نتوقف لثانية واحدة فقط.

دعونا نوضح شيئًا واحدًا: المنافسة هي قوة أساسية للحياة. إنها تقود الأسواق وتلهم البشرية على حد سواء بإنجازات مذهلة، ولكن على المستوى الفردي، من المهم جدًا أن تفهم من تتنافس ولماذا؛ إن فهم مكان مساحتك من حيث القدرة التنافسية سيمكن من النجاح في جميع المساعي.

أنت فقط تعرف السباق الذي تخوضه؛ وإلا فإن غرورك قد يقنعك بخلاف ذلك. والأهم من ذلك، أن كل منا يمتلك إمكانات وهدفًا فريدًا؛ ولذلك يجب علينا أن نقيم ونحدد حياتنا وفق تلك الأهداف؛ لا ينبغي أن تصبح موافقة الآخرين معيارًا خارجيًا نشعر بأننا مضطرون إلى تحقيقه على حساب إمكاناتنا وهدفنا.

بشكل متكرر: فهو يصف إحساسنا "euthymia" وفقا لسينيكا، ينبغي لنا أن نفكر في المصطلح اليوناني بمساراتنا الفردية وأفضل السبل للتنقل فيها دون تشتيت انتباهنا عن طريق الانحرافات الخارجية التي تعبرها. ببساطة: لا يتعلق الأمر بالتغلب على أي شخص آخر أو امتلاك أكثر من الآخرين ـ بل يتعلق الأمر بأن تكون

تعني Euthymia. ما أنت عليه وأن تكون جيدًا في ما تفعله دون الاستسلام للإغراءات التي تنسحب منك (الهدوء (باللغة الإنجليزية).

لقد حان الوقت لتقييم ما يهم حقًا في الحياة واتخاذ خطوات نحو تحقيق ما هو أكثر أهمية ـ وعندها فقط يمكن أن يصبح النجاح ممتعًا حقًا وطويل الأمد ومستدامًا. وبدون اتباع هذا النهج، فإن النجاح لن يجلب الكثير من الرضا أو الإنجاز؛ والأسوأ من ذلك أنها لن تدوم.

المسائل المالية حساسة بشكل خاص. وبدون معرفة المبلغ المطلوب بالضبط، يصبح الافتراضي: المزيد. بدون تفكير أو اعتبار مناسب، قد يتم تحويل الطاقة الحرجة للفرد بعيدًا عن تلبية نداءه لصالح ملء حسابه المصرفي بأكبر قدر ممكن. "إن الجمع بين انعدام الأمن والطموح،" كما لاحظ الصحفي المنتحل والمشين "جونا ليرر عندما يفكر في سقوطه من النعمة، يسبب "عدم القدرة على قول لا".

الأنا لا تقدم تنازلات؛ إنها تريد كل شيء. الأنا تأمرك بالخيانة رغم أنك تحب زوجتك؛ بسبب ما يريد: المزيد مقابل الأقل. تقول الأنا "لماذا لا" تتدخل مباشرة عندما تصبح الأمور صعبة؟ ومع ذلك، في نهاية المطاف، تصبح أشياء كثيرة أكثر من اللازم؛ مثل مطاردة الكابتن أهاب لموبي ديك لأسباب لم نعد نفهمها.

إن ما يحفز أولوياتك قد يشمل المال أو الأسرة أو النفوذ أو التغيير، أو بناء منظمة ذات فوائد دائمة أو خلق تغيير يفيد المجتمع ـ هذه كلها دوافع مشروعة تمامًا ـ ومع ذلك فإن معرفة ما يحفز اختياراتك والتداعيات التي تحملها أمر بالغ الأهمية لجعلها ذكية. القرارات والبقاء على الطريق نحو النتائج المرجوة. تميل الاستراتيجيات إلى أن تكون حصرية بشكل متبادل ـ لا يمكن لمغني الأوبرا أيضًا أن يؤدي دور آيدول بوب مراهق في وقت واحد بسبب متطلبات الحياة التي تتطلب إجراء مقايضة ولن تسمح غرورك بذلك.

فلماذا تفعل ما تفعله؟ هذا هو السؤال الذي يجب أن تطرحه على نفسك، وأن تجيب عليه بأمانة قدر الإمكان. عندها فقط سوف تكتسب الوضوح فيما يتعلق بما يهم وما لا يهم؛ عندها فقط يمكنك أن تقرر ما تقرر ما يهم حقًا؛ عندها فقط يمكنك أن تقول لا بسهولة؛ عندها فقط يمكنك إلغاء الاشتراك في السباقات الغبية التي لا أهمية لها؛ عندها فقط يكون من السهل تجنب الأشخاص "الناجحين"؛ عادةً ما لا يكونون كذلك ـ على الأقل ليسوا مرتبطين بنفسك وفي كثير من الأحيان حتى بأنفسهم ـ عندها فقط يمكنك تطوير الثقة الهادئة التي تحدث عنها سينيكا.

كلما اتسعت حياتك، كلما زادت صعوبتها. غالبًا ما يصدق الجميع الأسطورة القائلة بأن امتلاك ما يملكه شخص آخر سيجلب السعادة؛ في بعض الأحيان نحتاج إلى التحقق من الواقع لندرك أن هذا الوهم فارغ؛ وفي أحيان أخرى نجد أنفسنا عالقين في مشاريع أو التزامات دون أن ندرك سبب وجودنا هناك ـ إن التحلي بالشجاعة والإيمان يمكن أن يساعد في إيقاف هذه الأنشطة قبل أن تصبح التزامات مستنزفة تثقل كاهلنا وطاقتنا.

اكتشف لماذا تريد ما تريد، متجاهلاً أولئك الذين يعترضون طريقك واسمح لمن حولك أن يطمعوا فيما لديك بدلاً من ذلك. وهذا هو الاستقلال الحقيقي.

الفصل الثامن عشر: الاستحقاق والسيطرة والبارانويا

إحدى العلامات الدالة على الانهيار العصبي الوشيك هي الشعور بأن عمل المرء ضروري للغاية.

عندما عبر زركسيس مضيق الهليسبونت أثناء غزوه لليونان، ارتفعت مياهه ودمرت جميع جسوره ـ أدى هذا الفعل وحده إلى هزيمته والاستيلاء عليه في نهاية المطاف من قبل أثينا.

عند هذه النقطة، أمر رجاله بإلقاء السلاسل في النهر، وجلده ثلاثمائة جلدة، ووصمه بالحديد الساخن ـ بينما أمرهم في الوقت نفسه بمخاطبته بالقول: "أيها النهر المالح، يجب أن ترد لسيدك ثمن إصابتك". عليه بلا سبب. الآن يبدأ عقابك. أوه نعم: وقطع رؤوسهم".

وصف هيرودوت، المؤرخ العظيم، عرض زركسيس بأنه متعجرف؛ ومع ذلك، قد يكون هذا بخس. ربما تكون كلمات مثل المنافية للعقل والوهمية من شأنها أن تنقل بشكل أفضل مدى سخافة وغرابة تصرفاته الغريبة. إلا أن هذا السلوك كان جزءاً من شخصيته؛ قبل وقت قصير من حدوث هذه الحادثة، كتب زركسيس إلى منطقة جبلية مع خطط لشق قناة من خلالها: قد تقف شامخًا وفخورًا ولكن لا تسبب لي أي مشكلة وإلا سأسقطك في البحر.

إكم هو مضحك ولكنه محزن

ومن المؤسف أن تهديدات زركسيس الوهمية لم تكن تشكل شذوذاً تاريخياً. مع النجاح والسلطة تأتي بعض من أخطر الأوهام: الاستحقاق والسيطرة والبارانويا.

نأمل ألا تصبح مصابًا بالذهان لدرجة أنك تبدأ في تجسيد الأشياء غير الحية وإلحاق الأذى بها؛ هذا النوع من الجنون نادر، لكن الأكثر شيوعًا هو أننا نبالغ في تقدير قوتنا ونفقد منظورنا ـ ونصبح مثل زركسيس، الذي أصبح مجرد مهزلة محرجة.

لاحظ ويليام بليك في كتابه الشاعر وعمله أن النجاح يمكن أن يلقي بسحره علينا جميعًا ويتصرف مثل الإدمان.

غالبًا ما تنبع المشاكل من كيفية وصولنا إلى النجاح في المقام الأول. يتم تحقيقه من خلال مآثر القوة الغاشمة أو قوة الإرادة المطلقة؛ تتطلب المساعي الريادية والفنية شيئًا من لا شيء، وتأتي الثروة من خلال التغلب على الأسواق والصعوبات، بينما أثبت الأبطال الرياضيون تفوقهم على خصومهم.

إن تحقيق النجاح يتطلب منا أن نضع جانباً شكوك وتحفظات الآخرين من حولنا، ونرفض الرفض، ونخوض المخاطر التي قد تكون محفوفة بالمخاطر. كان من السهل أن نستسلم، لكننا هنا على وجه التحديد لأننا لم نفعل ذلك. إن المثابرة والشجاعة في مواجهة الصعاب السخيفة قد تبدو وكأنها ميول غير عقلانية جزئيا ـ عندما تكون هذه السمات ناجحة، فإنها تبدو مبررة.

ولماذا لا ينبغي لهم ذلك؟ من الطبيعة البشرية أن نفترض أنه بمجرد إنجاز شيء ما وتغيير العالم بطريقة ما، فإننا نمتلك الآن قوة سحرية على كل شيء. ففي نهاية المطاف، نحن نعيش هنا لأننا أكبر وأقوى وأكثر ذكاءً؛ أننا نخلق الواقع الذي نحن موجودون فيه.

إحدى نصائح موظفيه وتفاخر قائلاً: "إذا وضعوا قلبي على ،Beanie Babies لقد تجاوز تاي وارنر، مبتكر السماد فسوف يشترونه!" ومع ذلك، ثبت أن هذا خطأ وفي النهاية فشلت شركته بشكل كارثي؛ لاحقًا نجا بصعوبة من السجن أيضًا.

بغض النظر عما إذا كنت مليارديرًا، أو مليونيرًا، أو مجرد شخص محظوظ بما يكفي لاقتناص فرصة مبكرة، فإن اليقين يمكن أن يتحول بسرعة إلى نقطة ضعف إذا لم تتم إدارته بعناية. إن رغبتك في حياة أفضل أو طموحك الذي يدفع عملك قد يبدأ كدوافع جادة ولكن يمكن أن يتحول بسرعة إلى غطرسة واستحقاق؛ وبالمثل مع أي رغبة في السيطرة؛ مما أدى الآن إلى الإدمان؛ إن الدافع لإثبات خطأ المشككين يمكن أن يتحول بسهولة إلى جنون العظمة.

نعم، يمكن لحياتك الجديدة أن تجلب معها الضغوط والألم المشروع. من إدارة أشياء متعددة في وقت واحد إلى الأخطاء التي يرتكبها الأشخاص الذين يجب أن يعرفوا بشكل أفضل وقائمة الالتزامات المتزايدة باستمرار ـ لا أحد يجهزنا لهذه المشاعر التي تجعل انتقال الحياة أكثر صعوبة من المتوقع. لكن لا تسمح لهذه الأرض الموعودة أن تصبح مزعجة بدلاً من ذلك ـ انغمس في نفسك، وتحكم في زمام الأمور واجعل هذه الرحلة التي ستغير حياتك ملكًا لك بدلاً من ذلك.

وجد آرثر لي أنه من المقيت أنه عندما تم إرساله إلى الخارج لخدمة أمريكا في فرنسا وإنجلترا خلال الحرب الثورية كأحد دبلوماسييهم جنبًا إلى جنب مع سيلاس دين ورجل الدولة الكبير إدموند راندولف، فبدلاً من الاستمتاع بالعمل معًا كزملاء وجد الأمر محبطًا ومهينًا.

غالبًا ما كان بنجامين فرانكلين ينتقد من حوله بغضب ويشتبه في أنهم يكر هونه. كتب له فرانكلين رسالة، يجب علينا جميعًا أن نفكر في تلقيها في مرحلة ما: إذا استمر هذا المزاج فسوف يؤدي إلى الجنون. قرر فرانكلين أن كتابة مثل هذه الرسالة كانت علاجية بما فيه الكفاية؛ وبالتالي لا يرسلها أبدًا.

إن الاستماع إلى أشرطة المكتب البيضاوي لريتشارد نيكسون يقدم صورة مرعبة للمرض. كنت تتمنى أن يرسل له شخص مثل هذه الرسالة. تكشف هذه الأشرطة عن شخص فقد السيطرة ليس فقط على ما هو قانوني أو على وظيفته (خدمة الشعب)، بل على الواقع نفسه؛ تتأرجح عواطفه بشكل كبير بين الثقة والخوف، حيث يرفض المعلومات أو التعليقات التي تتحدى ما يريد تصديقه والانغماس في رغباته، كل ذلك دون الوصول إلى وجهتهم - ولا حتى السماح لضميرهم بالدخول.

أرسل الجنرال وينفيلد سكوت رسالة إلى جيفرسون ديفيس، وزير الحرب للولايات المتحدة آنذاك، بعد أن أصبح ديفيس متحذلقًا عدائيًا بشأن بعض الأمور التافهة. تجاهل سكوت ذلك حتى اضطر في النهاية إلى الرد من خلال كتابته أن التعاطف يجب دائمًا أن يمتد تجاه هؤلاء الأفراد الذين يلقون أنفسهم مثل أكياس اللكم ضد من يعتقدون أنهم أبرياء ـ في هذه الحالة ديفيس. كتب سكوت: "يجب دائمًا إظهار التعاطف تجاه البلهاء الغاضبين الذين يوجهون ضربات لا تؤدي إلا إلى جرح أنفسهم".

يمكن أن تكون الأنا أعظم عدو لنا؛ إنه يؤذي الأشخاص الذين نهتم بهم أكثر من غيرهم أيضًا ـ فعائلاتنا وأصدقاؤنا وعملاؤنا ومعجبونا وعملاؤنا جميعًا يعانون منه. قال أحد منتقدي نابليون: "إنه يحتقر الأمة التي يسعى إلى تصفيقها". لم يستطع نابليون أبدًا إلا أن يرى المواطنين الفرنسيين كقطع يمكن التلاعب بها أو أشخاص لإثبات قدرته على التفوق؛ باختصار، لم يكن لديهم خيار آخر سوى الدعم أو المعارضة له ما لم يكن ذلك من داخل صفوفهم بشكل كامل وغير مشروط.

يجب على الشخص الذكي أن يذكر نفسه في كثير من الأحيان بقوته ومدى وصوله المحدود.

يفترض الاستحقاق: أنا أستحق هذا؛ من حقي أن أكسب. ومع ذلك، فإن الاستحقاق يسرق الآخرين من خلال التقليل من قيمة وقتهم بقدر ما يقلل من قيمة وقتهم؛ الخطابات والتصريحات الموجهة ضدنا ترهق زملائنا الذين يعملون معنا؛ نحن نبالغ في تقدير أنفسنا عندما نتحدث إلى أنفسنا أو نفكر في تعيين موظفين محتملين؛ خلق توقعات غير واقعية والتي غالبا ما تتجاوز ما يمكن أن يكون ممكنا في الواقع.

يمكن أن تصبح السيطرة نزعة للكمال تشل الحركة أو معارك لا نهاية لها يتم شنها ببساطة لفرض إرادة المرء على كل شيء ـ مما يستنزف نفسه في سعيه. غالبًا ما يجعلنا الأشخاص الذين نحتاجهم نشعر بالإحباط، خاصة أولئك الهادئين الذين يظلون هادئين حتى يتم دفعهم إلى ما هو أبعد من قدرتهم على التعاون. نتشاجر مع موظفي المطار وممثلي خدمة العملاء عبر الهاتف ووكلاء المطالبات ـ ولكن من أجل ماذا؟ في نهاية المطاف، لا يمكننا التحكم في الطقس أو أسعار السوق أو الأفراد، وبالتالي فإن كل الجهود والطاقة المبذولة تذهب سدى.

يشير جنون العظمة إلى أنني لا أستطيع الوثوق بأي شخص؛ أنني مسؤول بالكامل عن نفسي في هذا المسعى، ولا أحد أعتمد عليه سوى نفسي. إنه يشير إلى أنني محاط بالحمقى. قد لا يكون التركيز فقط على العمل أو الالتزامات أو على نفسي كافيًا؛ من الضروري أيضًا إجراء مكائد من وراء الكواليس للرد على الإهانات المتصورة للشعور بالأمان.

لقد عانى الجميع من الصراع والغضب والفوضى والصراع مع رئيسهم أو شريكهم أو أحد الوالدين في وقت ما. كيف سارت الأمور بالنسبة لهم وإلى أين تتجه الأمور الآن؟

قال سينيكا بشكل مشهور، بصفته مستشارًا سياسيًا، لاحظ جنون العظمة المدمر في أعلى مستوياته، "أولئك الذين ينغمسون في مخاوفهم لا يحصلون إلا على قدر أكبر من الانزعاج".

لسوء الحظ، فإن "بحثنا المستمر عن الرقم واحد" يمكن أن يدفع الآخرين في كثير من الأحيان إلى تقويضنا ومعارضتنا. إنهم يدركون سلوكنا على حقيقته: محاولة لإخفاء الضعف وانعدام الأمن وعدم الاستقرار. يسبب جنون العظمة ضررًا أكبر مما يمنعه، ويحبس صاحبه في أوهامه وفوضاه.

هل تتصور الحرية مع النجاح؟ لا ربما لا

وبالتالي، اتخاذ الإجراءات اللازمة الآن.

الفصل التاسع عشر: إدارة نفسك

إن امتلاك صفات استثنائية وحده لا يكفي؛ ويجب أيضًا إدارتها بفعالية لتحقيق أقصى قدر من التأثير.

ـ لاروشفوكولد في عام 1953، عاد دوايت د. أيزنهاور من موكبه الافتتاحي ودخل البيت الأبيض في ليلة تنصيبه كرئيس في حوالي الساعة السابعة مساءً.

عندما دخل أيزنهاور القصر التنفيذي، قدم كبير حراسه مظروفين مختومين تم وضع علامة عليهما على أنهما سريان وتم إرسالهما إليه في وقت سابق من ذلك اليوم من واشنطن العاصمة. استجاب على الفور بمطالبتهم بعدم إحضار رسائل مختومة مرة أخرى: "لا تحضروا لي مظاريف مختومة أبدًا" مرة أخرى ـ هذا هو هدف إطاقمي"!

كيف متعجرف! هل ذهبت وظيفته المكتبية إلى رأسه بالفعل؟

وسرعان ما أدرك أيزنهاور هذه الحادثة البسيطة لما كانت عليه: مؤشر على الفوضى والخلل الوظيفي داخل المنظمة. ليس كل شيء يجب أن يمر عبره مباشرة ـ من كان ليقول أن المظروف مهم ولماذا لم يقم أحد بفحصه مسبقًا؟

كرئيس، كانت أولويته الأولى هي تنظيم السلطة التنفيذية في وحدة فعالة ومتماسكة مماثلة لما كان موجودًا داخل وحداته العسكرية ـ ليس لأنه لم يرغب في العمل بنفسه، ولكن لأن كل شخص كان لديه وظيفته ويثق بها ويمكّنها. . وبحسب ما قاله رئيس أركانه لاحقًا: "إنه يفعل الأشياء الأكثر أهمية؛ فهو يفعل الأشياء الأكثر أهمية". أنا أقوم بنصيبي".

غالبًا ما تم تصوير أيزنهاور علنًا على أنه شخص يلعب الجولف. في حين أن هذه الصورة قد تكون دقيقة، إلا أنه في الواقع لم يكن شخصًا يتكاسل على الإطلاق؛ مهما كان وقت فراغه، فقد تم توفيره من خلال إدارة سفينة فعالة كان يعلم أن العاجل والهام لم يكونا مرادفين دائمًا ـ كانت وظيفته هي تحديد الأولويات، والتفكير في الصورة الكبيرة مع الثقة في من هم تحت قيادته لإكمال وظائفهم كما وعدوا.

قد لا يكون معظمنا رئيسًا أو حتى شركة، ولكن بينما نسعى جاهدين للارتقاء في الحياة، فإن عادات وأنظمة العمل نفسها التي ساعدتنا في الوصول إلى هناك لن تدعمنا بالضرورة هناك. عند البدء أو في وقت قصير، غالبًا ما يأتي التعديل بشكل طبيعي بالنسبة لنا.
يميل الأفراد إلى أن يكونوا أفرادًا فريدين يقومون بإجراء تعديلات سريعة استجابةً للمواقف ويمكنهم في بعض الأحيان التعويض عن عدم التنظيم بالعمل الجاد وبعض الحظ، لكن هذا لن يفي بالغرض في التخصصات ـ فسوف يدمرك إذا لم تتمكن من النمو يصل وتنظيم.

يتناقض نظام أيزنهاور في البيت الأبيض بشكل صارخ مع شركة السيارات الشهيرة جون ديلوريان بعد أن انفصل عن جنرال موتورز لإنتاج سيارات ذات طراز مستقبلي تحت اسم علامته التجارية الخاصة، شركة ديلوريان للسيارات. ورغم أن نجاحه قد يبدو قصيرا عند النظر إلى الماضي، إلا أن انهياره ينبئنا بالكثير. على الرغم من أننا قد نخطئ في اعتباره متقدمًا على عصره اليوم، إلا أن صعود وسقوط ديلوريان يظل خالدًا: نرجسي متعطش للسلطة يدمر رؤيته الخاصة بينما يخسر الملايين لصالح الآخرين على طول الطريق.

اعتقد ديلوريان أن ثقافة النظام والانضباط في جنرال موتورز قد أعاقت إبداعه، لذلك عندما شرع في تأسيس شركته، تعمد كسر كل الحكمة التقليدية والممارسات التجارية للانفصال. لسوء الحظ، بدلاً من إنشاء الملاذ الإبداعي الحر الذي تخيله، ما تطور كان منظمة سياسية متعجرفة، ومختلة، وحتى فاسدة، انهارت تحت ثقلها، واستسلمت في النهاية للإجرام والاحتيال وخسائر قدرها 250 مليون دولار ـ بعيدًا عن حلم ديلوريان الأصلي!.

كسيارة وشركة بسبب سوء الإدارة من أعلى إلى أسفل؛ كان ديلوريان نفسه غير DeLorean فشلت شركة فعال بشكل خاص مقارنة بأيزنهاور في هذا الصدد. لقد عمل دون توقف دون تحقيق نتائج إيجابية.

كانت لديها القدرة على التعرف على الفرص" DeLorean وأشار أحد المسؤولين التنفيذيين إلى أن شركة العظيمة ولكنها لم تكن تعرف كيفية استغلالها". ووصف آخر أسلوبه في الإدارة بأنه "مطاردة البالونات الملونة"، مما يعني أنه غالبًا ما يتشتت انتباهه عن مشروع واحد ويتخلى عنها تمامًا لمشروع آخر. من كان رائعًا ولكن لسوء الحظ فإن هذا وحده لا يكفي في كثير من الأحيان DeLorean الواضح أن.

عن غير قصد بيئة يتحرر فيها غروره. معتقدًا أن النجاح المستمر هو حقه، غالبًا ما كان DeLorean خلق يرفض مفاهيم مثل الانضباط والتنظيم والتخطيط الاستراتيجي. ونتيجة لذلك، لم يتلق الموظفون في كثير من الأحيان التوجيه الكافي بينما كانوا في أوقات أخرى مثقلين بتعليمات تافهة من تعليمات ديلوريان ـ وهو الأمر الذي أدى إلى تفويض المهمة إلى الأشخاص الذين يثق بهم بسبب الولاء الأعمى أكثر من الكفاءة أو المهارة ـ أو غالبًا ما يتأخرون عن العمل لأن ديلوريان نفسه كان يستطيع ذلك. لا تفوض أبدًا ـ حتى بعد إعفائك من التأخر عن العمل بسبب التأخر أو الانشغال بأمور أخرى.

سُمح للمديرين التنفيذيين بمتابعة الأنشطة اللامنهجية في وقت الشركة دون أي تكلفة على أنفسهم أو على الشركة؛ يتم تشجيعهم على وجه التحديد على متابعة المشاريع الجانبية التي تفيد رئيسهم على حساب الشركة. بتوسيع الحقائق أو تزويرها عند التعامل مع المستثمرين DeLorean غالبًا ما تقوم شركة انتشر شرب الخمر المعتاد بين المسؤولين والموردين في جميع أنحاء الشركة.

كان ديلوريان مدفوعًا بشيء آخر غير الكفاءة أو المسؤولية عند اتخاذ قراراته، فبدلاً من محاولة تحسين أو إصلاح نظام جنرال موتورز بدا وكأنه يتخلص من النظام تمامًا، مما أدى إلى الفوضى حيث لم يتبع أحد القواعد، ولم يكن أحد مسؤولاً ولم يتم إنجاز أي شيء ـ السبب الوحيد لعدم انهيار هذا على الفور هو أن أبقت القصة معًا حتى بدأت السيارات المعيبة في الخروج DeLorean مهارات العلاقات العامة المتقنة لدى من خطوط الإنتاج.

تمامًا من هذا الإطلاق الكارثي لسياراتها. لم تعمل DeLorean Motor لا مفاجأة هنا؛ لم تتعاف شركة سياراتهم، وكانت تكلفة الوحدة أعلى بكثير من الميزانية، ولم يكن هناك عدد كافٍ من التجار ولم يتمكنوا من DeLorean تسليم السيارات إلى تلك التي لديهم بالفعل؛ وكان يوم الإطلاق فشلًا ذريعًا! لم تتعاف شركة Motor أبدًا بالكامل.

قد يكون من الصعب أن تصبح قائدًا فعالاً! من يعرف؟!

واجه ديلوريان صعوبة في السيطرة على نفسه، الأمر الذي أعاق بدوره جهوده في الإشراف على الآخرين.

لذلك تمكن من فشل نفسه والحلم نفسه.

إدارة؟ مكافأة كل إبداعك وأفكارك الجديدة؟ أم أن التحول إلى الرجل حقيقة يجب أن تواجهها في النهاية؟ في نهاية المطاف، يجب علينا جميعًا أن نصبح ما رفضناه ذات مرة كإشراف الكبار ـ وبدلاً من ذلك نتصرف بشكل فظ من خلال التفكير "الآن بعد أن أصبحت مسؤولاً، ستكون الأمور مختلفة إبشكل".

تخيل أيزنهاور كرئيس، كان يتمتع بسلطة هائلة. فإذا كان غير منظم أو مهملاً فيما يتعلق بكيفية إدارة الأمور، فقد يتعامل الناس مع الأمر (كان هناك الكثير من الرؤساء الذين سبقوه). ومع ذلك، فقد أدرك أيزنهاور أن النظام والمسؤولية مطلوبان من أجل أمته أكثر من حاجته إليه. لقد جعلهم من أولوياته بدلاً من ذلك.

تكمن مأساة ديلوريان في دقة أفكاره. كانت سيارته رائدة، وكان من الممكن أن ينجح نموذجه، وكان من الممكن أن تجتمع جميع أصوله ومواهبه معًا بنجاح؛ لسوء الحظ، كانت غروره والفوضى الناتجة عنه هي التي حالت دون حدوث ذلك كما يحدث للكثير منا.

مع تقدم مجال عملك وتغير مسؤولياتك بنجاح، قد تتغير واجباتك وفقًا لذلك. بمرور الوقت، تصبح القرارات أقل ارتباطًا بالتنفيذ وأكثر ارتباطًا بالتنفيذ. هذه هي طبيعة القيادة. يتطلب التكيف إعادة تقييم هويتك وتحديثها مع إظهار بعض التواضع من خلال بعض التخلي عن بعض جوانب الوظيفة السابقة التي كانت أكثر متعة أو إرضاءً. يتطلب الأمر اتخاذ وجهة نظر موضوعية عند إجراء هذه التغييرات ـ وهو أمر يجد الكثيرون صعوبة في القيام به!

تقبل أن الآخرين قد يكونون أكثر تأهيلاً أو معرفة في المجالات التي تعتبر نفسك مختصًا بها؛ قد يكون من الأفضل استثمار وقتهم فيهم أكثر من وقتك.

نعم، سيكون الأمر أكثر إشباعًا وقد يجعلنا نشعر بالأهمية إذا كنا منخرطين في كل التفاصيل الصغيرة، وستشعرنا بالمكافأة والإثراء عند استدعائنا لإطفاء الحرائق. في حين أن التفاصيل يمكن أن تكون جذابة إلى ما لا نهاية وغالبًا ما تكون جذابة، إلا أنه قد يكون من الصعب في كثير من الأحيان التعرف على الصورة الكبيرة؛ ومع ذلك، فإن كونك مسؤولاً يعني التفكير في الصورة الكبيرة لأن شخصًا ما يحتاج إلى شخص ما في أدوار شخصية السلطة للحفاظ على إبحار السفينة بأكملها بسلاسة. ولكن دون النظر إلى ما هو أبعد من واجبات "الرئيس" الخاصة بك، فمن سيفعل ذلك؟

لا يوجد نظام "صحيح". في بعض الأحيان تعمل الهياكل اللامركزية بشكل أفضل، بينما تعمل التسلسلات الهرمية في بعض الأحيان. يتطلب كل مشروع وهدف منهجًا مخصصًا خاصًا به يناسب متطلباته على وجه التحديد؛ ربما تكون البيئة الإبداعية والمريحة هي الأفضل لتلبية احتياجاتك؛ ربما يكون تشغيل عملك عن بعد هو الأفضل أو ربما يكون من المفيد لجميع المشاركين التفاعل بشكل مباشر.

قبل أن تلتهمك صناعتك حيًا، من المهم أن تتعلم كيفية إدارة نفسك والآخرين بشكل صحيح. المديرون الجزئيون هم أنانيون غير قادرين على الإشراف بشكل فعال على الآخرين. كما يفعل الحالمون الكاريزميون الذين يشعرون بالملل عندما يحين وقت التنفيذ. ولكن ربما الأسوأ هم أولئك الذين يحصرون أنفسهم في فقاعة منعزلة من الرجال الذين يميلون إلى التنظيف من بعدهم ويخلقون واقعًا وهميًا يبقيهم بعيدًا عن الواقع.

تتطلب المساءلة تعديلات ومزيدًا من الوضوح والأهداف الهادفة.

حدد أهم الأهداف والأولويات لكل من مؤسستك وحياتك.

وتتطلب الاستراتيجية الفعالة التي تركز على النتائج الإنفاذ والرصد. عندها فقط سيتم رؤية التقدم الحقيقي.

وفقا للاعتقاد السائد، فإن الأسماك تتبعث من رؤوسها رائحة كريهة. حسنًا، حان دورك الآن ـ لم تعد جاهلاً إبعد الآن، ولكنك الآن مسؤول عن إبعاد العملاء المحتملين بسلوكك

الفصل 20: كن حذرا مني

من بين العديد من جنرالات الحلفاء العظماء في الحرب العالمية الثانية كان باتون، .(HILLEL) هليل برادلي، مونتغمري، أيزنهاور، ماك آرثر وجوكوف؛ برز جورج باتون كعضو مثير للإعجاب.

يبرز كاتليت مارشال جونيور بين زملائه الأبطال والقادة العسكريين لخدمته وقيادته بشرف وشجاعة.

اليوم، تبدو الحرب العالمية الثانية وكأنها حرب لا جدال فيها، حيث كان الحق والشر في حالة حرب ـ ولكن مع مرور الوقت والنصر، فقدنا الاتصال بأولئك الذين كانوا على الجانب الأيمن والذين قاتلوا ببسالة لإنهاء هذه الحرب. النصر يحجب إنسانيتهم.

وهذا يعني أننا ننسى كل شيء عن السياسة، والطعن في الظهر، ومطاردة الأضواء، والمواقف والجشع التي كانت واضحة بين جنرالات الحلفاء خلال الحرب العالمية الثانية. وبينما كان جنرالات آخرون يتقاتلون على النفوذ بينما يتنافسون لكسب مكانهم في التاريخ، كان الجنرال جورج مارشال متميزا. ولم يشارك في مثل هذا السلوك.

لقد تفوق مارشال عليهم جميعًا بهدوء بإنجازاته المبهرة، فما هو سره؟

كان بات رايلي مدربًا ومديرًا مؤثرًا أشرف على فريق لوس أنجلوس ليكرز خلال فترة عمله كمدرب / مدير عام.

بعد قيادة فريقي ميامي هيت وسيلتيكس إلى عدة بطولات، يؤكد كريس بوش أن الفرق العظيمة تميل إلى اتباع عملية تطورية. عندما تتشكل الفرق لأول مرة ـ قبل الفوز ـ فإنهم يميلون إلى البدء بريئين. إذا سمحت الظروف بذلك، يجتمع أعضاء الفريق معًا، ويهتمون ببعضهم البعض ويعملون على تحقيق هدفهم الجماعي ـ وهو ما يشير إليه بوش باسم "التسلق البري". وبمجرد أن يبدأ الفوز ويبدأ اهتمام وسائل الإعلام بالوصول بشكل متزايد، تبدأ تلك الروابط البسيطة في التفكك بسرعة.

يقوم اللاعبون بتقييم أهميتهم الفردية؛ وتتضخم صدورهم؛ وتظهر الإحباطات وتظهر الغرور على السطح،"" وفقًا لبات رايلي. وهو يدعي أن "التسلق البريء" يفسح المجال دائمًا لـ "مرضي". يمكن أن يضرب أي فريق فائز في أي عام أو لحظة بانتظام مثير للقلق.

لم يتمكن شاك وكوبي من اللعب معًا. اعتدى مايكل جوردان بعنف على ستيف كير وهوراس جرانت وويل بيردو ـ أعضاء فريقه! علاوة على ذلك، أغرق موظفو شركة إنرون كاليفورنيا في الظلام لتحقيق مكاسب شخصية من خلال انقطاع التيار الكهربائي. معلومات مسربة إلى وسائل الإعلام من المديرين التنفيذيين الساخطين الذين يأملون في إحباط المشاريع التي لا تعجبهم؛ التسريب إلى وسائل الإعلام في محاولة لمنع المشاريع التي لا تعجبهم؛ فضلا عن التكتيكات السلبية بما في ذلك الإهمال.

في مؤسستنا، يمكن أن يعني ذلك الاستسلام لإغراء الاعتقاد بأننا متفوقون أو مميزون؛ أن مشاكلنا وتجاربنا تختلف تمامًا عن مشاكل وتجارب أي شخص آخر بحيث لا يمكن لأحد أن يفهمها. لقد أدى مثل هذا الموقف إلى الحكم على أشخاص وفرق وقضايا أفضل بكثير منا.

يبرز الجنرال مارشال كاستثناء استثنائي في التاريخ؛ بدأ فترة ولايته كرئيس لأركان الجيش الأمريكي في اليوم الذي غزت فيه ألمانيا بولندا في عام 1939 وخدم طوال الحرب العالمية الثانية، وتجنب الاستسلام لهذا الاتجاه وفضح أولئك الذين فعلوا ذلك.

بدءًا من علاقته المتوازنة بالرتبة ـ وهو الشيء الأكثر هوسًا به في مهنته ـ تتبعه القصة طوال رحلته المهنية.

لم يتراجع عن أي عرض علني للرتبة أو المكانة. على سبيل المثال، طلب من الرئيس ترومان أن يناديه بالجنرال مارشال بدلاً من جورج (إنه يستحق ذلك!). في حين قام جنرالات آخرون بحملات منتظمة من أجل الترقيات ـ ارتقى ماك آرثر في الرتب خلال الحرب العالمية الأولى بسبب الدعوة القوية لوالدته ـ كان مارشال يثبط هذه الممارسة بنشاط. طلب مارشال من أولئك الذين دفعوه إلى الأمام من أجل هذا المنصب أن يتوقفوا لأنه جعله "بارزًا للغاية في الجيش. واضح جدًا بالفعل. لاحقًا، عارض مارشال محاولة مجلس النواب لتمرير مشروع قانون يمنحه رتبة مشير ـ وليس رتبة مشير ـ وليس مشيرًا". فقط لأنه قد يبدو سخيفًا ولكن أيضًا لأنه قد يزعج أو يطغى على الجنرال بيرشينج، معلمه في ذلك الوقت، الذي كان على وشك الموت وما زال يقدم التوجيه والمشورة.

هل يمكنك أن تتخيل؟ كان إحساسه بالشرف يتطلب رفض الأوسمة، وغالبًا ما يمنحها لأشخاص آخرين بدلاً من ذلك. بالطبع كان يريدها، بالطريقة الصحيحة تمامًا ـ والأهم من ذلك هو إدراك أنه على الرغم من أن الحصول عليها سيكون أمرًا رائعًا، إلا أنها لم تكن ضرورية؛ احتاجت غروره إلى التحقق الخارجي لأغراض التحقق من الصحة بينما مكنته الثقة من التركيز على المهام دون القلق بشأن الاعتراف الخارجي.

في البداية في حياتنا المهنية، قد يكون تقديم التضحيات أسهل. ربما يمكننا التخلي عن القبول في الكلية لصالح إنشاء شركتنا الخاصة؛ أو بدلاً من ذلك قد نحتاج إلى البقاء دون مناصب مرموقة حتى وقت لاحق. بمجرد أن نصل إلى النجاح، فإننا نميل إلى تحويل عقليتنا من فكرة "الحصول على ما هو لي" إلى فكرة "أنا أحصل على ما أستحقه". فجأة أصبحت الجوائز والتقديرات مهمة ـ على الرغم من أنها لم تكن هي ما أوصلنا إلى هنا؛ المال، والألقاب، واهتمام وسائل الإعلام تصبح موارد مهمة نحتاجها ـ ليس للفريق أو القضية، ولكن لأنها تمثل النجاح الذي حققناه بأنفسنا.

ولكن واضحين: لم يكتسب أحد قط الحق في أن يكون جشعًا ويسعى إلى تحقيق مصالحه على حساب الآخرين. إن التفكير بخلاف ذلك لن يؤدي إلا إلى تعزيز موقف الأنانية الذي لا يمكن أن ينتهي إلا بكارثة لجميع المعنيين.

تم إخضاع مارشال لاختبار شديد. كانت الوظيفة التي تدرب عليها طوال حياته، وهي قيادة قوات يوم الإنزال في ما سيصبح واحدًا من أكبر الغزوات المنسقة التي شهدها التاريخ، متاحة للاستيلاء عليها، لكن روزفلت إذا رغبوا في ذلك؛ ففي نهاية D-Day أوضح أنها قد تكون وظيفته. أراد روزفلت مواهب مارشال في المطاف، يتم تذكر الجنرالات بمآثرهم في ساحة المعركة وليس بعملهم الإداري في واشنطن؛ على الرغم من أن مارشال كان يحتاج إلى واشنطن في كثير من الأحيان في ذلك الوقت؛ ولذلك أراد روزفلت أن يتولى القيادة؛ رفض مارشال وتنازل في النهاية عن السيطرة لأيزنهاور.

أثبت أيزنهاور أنه خيار استثنائي لهذا الدور. ساعد أداؤه المتميز في الفوز بالحرب. هل كان هناك أي شيء آخر يستحق المقايضة به؟

ولكننا غالبًا ما نرفض القيام بذلك ـ فغرورنا يمنعنا من المساهمة بجهودنا في خدمة أي مهمة أكبر قد نكون جزءًا منها.

ماذا نستطيع ان نفعل؟ هل نحن على استعداد للسماح لشخص ما بالاستفادة منا؟

ذات مرة نصحت شيريل سترايد أحد القراء الشباب، "إنك تصبح ما ستصبح عليه؛ لا ترتكب الأخطاء التي تجعل حياتك بائسة. إحدى المفارقات العظيمة للنجاح هي قدرته على تحويلنا إلى أشخاص لم نرغب أبدًا في أن نصبح". "في المقام الأول". يمكن لمرضي أن يفسد حتى عمليات التسلق التي تبدو بريئة.

واجه مارشال جنرالًا عامله معاملة سيئة، مما أجبره على تولي مناصب غامضة في منتصف حياته المهنية. لاحقًا، عندما تفوق مارشال على هذا الجنرال وأتيحت له فرصة للانتقام، لكنه قرر عدم القيام بذلك لأنه بغض النظر عن عيوبه، فقد رأى أن مارشال لا يزال يلعب دورًا لا يقدر بثمن لبلاده ولا يريد أن تختفي بدونه. لذلك، على الرغم من كل جهوده، لم يتلق هذا الجنرال أي أوسمة بل مجرد عمل آخر تم إنجازه بشكل جيد كشكر.

إن كلمة "شهامة" هي كلمة لا نسمعها كثيرًا هذه الأيام، إلا أن مارشال كان كريمًا ومتسامحًا ورحيمًا لأنها كانت صحيحة وفقًا لمراقبين رفيعي المستوى مثل الرئيس روزفلت نفسه.
وأشار الرئيس ترومان إلى أن الجنرال مارشال برز بين آخرين في المجالين العسكري والسياسي لأنه "لم يفكر في نفسه قط".

تم استدعاء مارشال لالتقاط العديد من الصور الرسمية التي تطلبت منه الجلوس. بعد الظهور عدة مرات والامتثال بصبر لجميع طلبات الرسام، أبلغ مارشال أخيرًا أنه يمكنه المغادرة بواسطته عندما تكتمل صورة واحدة وتصبح مجانية. واقفا، بدأ مارشال يبتعد قبل أن يسأله "ألا تريد أن ترى لوحتي؟" ورد مارشال بلا شكر للفنان "لا شكرا" قبل أن يأخذ إجازته باحترام ويغادر.

هل هذا يعني أن إدارة الصور غير مهمة؟ لا، عندما تبدأ مسيرتك المهنية، قد تصبح إدارة الصورة هي هدفك الرئيسي؛ ولكن مع تطور حياتك المهنية وحصولك على المزيد من النجاح، قد تدرك أنها أصبحت مصدر إلهاء أكثر من أي شيء آخر ـ فالوقت الذي تقضيه في التعامل مع المراسلين وبرامج الجوائز والتسويق يحرمك مما يهمك حقًا وأقرب الأشخاص إليك.

من لديه الوقت أو الاهتمام بالنظر إلى صوره؟ لماذا تهتم؟

إن الأشخاص الذين رفضوا جورج مارشال باعتباره متواضعًا أو هادئًا، فشلوا في فهم صفته الخاصة: فهو فرد يتمتع بسمات مماثلة لجميع البشر ـ مثل المصلحة الذاتية، والفخر، والكرامة، والطموح ـ ولكن هذه الصفات كانت متوازنة بالتواضع ونكران الذات.

إن تذكر زملائك بشكل جذاب ليس أمرًا سيئًا في حد ذاته ـ فهذا جزء من سحر الحياة!

يعبر توني آدامز بشكل مناسب عن هذا التوازن في تدريبه لكرة القدم: العب من أجل الاسم الموجود على الجزء الأمامي من قميصك وسوف يتذكرون اسمه الخلفي.

دحض مارشال أي فكرة مفادها أن نكران الذات والنزاهة هما ضعفان أو يعيقان التقدم، حيث يعيش كل شخص في بيئة تم إنشاؤها إلى حد كبير بسبب تأثيره.

لماذا تهتم بأخذ الائتمان؟ من يهتم حقا.

الفصل 21: التأمل في الضخامة

الرهبان هم شخصيات موقرة ومحترمة تمارس التأمل للبقاء في وحدة مع الطبيعة والإنسانية على حد سواء.

قام جون موير بزيارته الافتتاحية إلى ألاسكا في عام 1879 بصفته خبيرًا بيئيًا ومستكشفًا، واستكشف مضايقها وتضاريسها الوعرة بنفسه. طوال هذه الرحلة، اختبر جمالها بشكل مباشر ـ ولكنه اكتسب أيضًا نظرة ثاقبة لخطط التطوير المستقبلية لمواردها الطبيعية.

Glacier Bay هو المكان الذي اختبر فيه موير قوته التحويلية لأول مرة. كان حبه للطبيعة قويا دائما. كان ولكن هنا، في مناخها الصيفي الفريد في أقصى الشمال، بدا كما لو أن كل شيء في الطبيعة متناغم تمامًا؛ مثل رؤية كل نظام بيئي ودائرة حياة حياة أمامه. تأثر موير على الفور وبدأ يشعر "بالدفء والتعاطف مع كل شيء، وقد تم إعادته إلى قلب الطبيعة التي نأتي منها جميعًا". ولحسن الحظ فقد شهد جمالها ووثقه في يومياته، وهو شيء لم يتمكن سوى عدد قليل من الآخرين من تكراره منذ ذلك الحين.
في تلك اللحظة، اختبر ما يسميه الرواقيون التعاطف، وهو شعور بالارتباط مع الطبيعة ودوراتها الأكبر. وقد وصفه بيير هادوت بأنه الشعور المحيطي ـ الشعور بأنه جزء من شيء أكبر، وإدراك أن "الأشياء البشرية هي نقطة متناهية الصغر في اتساع الزمان والمكان الكونيين". خلال مثل هذه اللحظات نجد الحرية ولكننا ننجذب نحو أسئلة مهمة: من أنا، وماذا أفعل، وما هو الدور الذي من المفترض أن ألعبه في العالم.

لا شيء يصرفنا عن هذه الأسئلة أكثر من النجاح المادي: عندما نكون مشغولين دائمًا، أو متوترين، أو تحت الضغط، أو يُعتمد علينا أو يُعتمد علينا. أو إذا أخبرنا الأنا أن المعنى يأتي من خلال النشاط؛ إن كوننا في مركز الاهتمام كوسيلة للشعور بالأهمية والقوة هو جزء من تعريفنا كبشر.

بمجرد أن لا نشعر بالارتباط بأي شيء أكبر أو أكبر منا، تختفي قطعة من روحنا وتقاليدنا التي كنا ننتمي إليها سابقًا (سواء كانت حرفة، أو رياضة، أو أخوة/أخوة، أو عائلة). تصبح الأنا عائقًا بيننا وبين الجمال والتاريخ في العالم ـ نقف بين أنفسنا ونختبر الحياة بشكل كامل.

فلا عجب أن يبدو النجاح فارغًا؛ لا عجب أننا نشعر بالإرهاق؛ لا يوجد سبب للقلق من أن طاقاتنا تتضاءل مع مرور الوقت؛

التجربة: قم بالسير في ساحة معركة قديمة أو مكان ذي أهمية تاريخية ولاحظ تماثيله؛ ستلاحظ كيف يبدو الأشخاص متشابهين منذ ذلك الحين وحتى الآن ـ لم يتغير شيء على الإطلاق في تلك الفترة ـ منذ ذلك الحين وإلى الأبد منذ ذلك الحين. لقد وقف هنا رجل عظيم ذات يوم؛ هنا ضحت امرأة شجاعة أخرى بنفسها. عاش رجل ثري شرير وازدهر في هذا المنزل الفخم ـ مما يجعل التجربة أكثر واقعية مع مرور كل جيل... إنه يعطي شعورًا غامرًا بأن الآخرين قد سبقوك لأجيال...

في مثل هذه الأوقات، تتخذ حياتنا منظورًا هائلاً يترك الأنا بعيدًا وراءنا. وبدلاً من ذلك، أصبحنا ندرك تماماً عبارة إيمرسون التي مفادها أن كل رجل هو "اقتباس من جميع أسلافه"، معترفاً بجذورنا ونتعلم منهم ـ وهو الأمر الذي وجده موير مبهجاً أثناء استكشاف ألاسكا. نعم، قد نكون صغارًا؛ ومع ذلك، تساهم كل قطعة بدورها في تشكيل هذا الكون وهذه العملية العظيمة.

يعبر نيل ديجراس تايسون بوضوح عن هذه الازدواجية. يمكن للمرء أن يقدر أهميتها وعدم صلتها بالكون في الوقت نفسه، كما يتضح من كلماتهم: "عندما أنظر إلى الكون، فإن ذلك يجعلني أدرك كلا الجانبين: عندما أنظر إلى الأسفل أعرف أنني صغير ولكنني متصل ـ على الرغم من ذلك". يجب ألا ننسى أبدًا أي جانب كان هنا لفترة أطول".

لماذا ذهب الكثير من القادة والمفكرين العظماء عبر التاريخ "إلى البرية" بحثًا عن الإلهام أو الخطط أو التجارب التي أعادت توجيه حياتهم؟ ببساطة لأنهم من خلال ترك الحياة اليومية وراءهم وجدوا المنظور؛ اكتسبت فهمًا للصورة الأكبر؛ صمت الضجيج من حولهم ليسمعوا صوتًا أكثر هدوءًا يوجه قراراتهم ـ والتي بدورها غيرت التاريخ إلى الأبد.

الإبداع يتطلب الانفتاح والقبول، وليس الإيمان بأن كل شيء يدور حولك.

عندما نجرد غرورنا، ولو مؤقتًا، يمكننا الوصول إلى ما يظل بارزًا ومن خلال توسيع منظورنا، يمكن رؤية المزيد بوضوح.

إنه لأمر محزن حقًا مدى انفصالنا عن أحداث الماضي والمستقبل. ننسى أن الماموث الصوفي كان يجوب الأرض ذات يوم أثناء بناء الأهرامات. دون علمنا، عاشت كليوباترا بالقرب منا كثيرًا مما كانت عليه عند بناء تلك الأهرامات الشهيرة التي ميزت مملكتها. عثر العمال البريطانيون الذين قاموا بحفر ميدان الطرف الأغر لبناء عمود نيلسون بأسوده الحجرية الشهيرة على عظام أسود حقيقية كانت تتجول هناك قبل بضعة آلاف من السنين فقط! حسب أحد الأشخاص مؤخرًا أن ستة أفراد فقط يمكنهم ربط باراك أوباما بجورج بمقطع فيديو يظهر رجلاً يظهر في حلقة عام 1956 من YouTube واشنطن مع مرور الوقت. يزودنا موقع لدي سر"، حيث ظهرت لوسيل بول أيضًا لإبلاغ المشاهدين بتورطه في مسرح فورد" CBS برنامج الألعاب عندما اغتيل لينكولن. سره؟ لقد شهد ذلك بنفسه! لم تسدد إنجلترا إلا مؤخرًا ديونها المتراكمة التي يعود تاريخها إلى عام 1720 بسبب أحداث مثل فقاعة بحر الجنوب، والحروب النابليونية، وإلغاء العبودية في الإمبراطورية البريطانية، ومجاعة البطاطس الأيرلندية؛ تظل هذه الارتباطات بأحداث القرون السابقة ملموسة حتى يومنا هذا.

مع زيادة قوتنا أو مواهبنا، يمكن أن يؤدي ذلك إلى اعتقادنا بأننا مميزون ـ وأننا نعيش أوقاتًا غير مسبوقة. ويزداد هذا المفهوم الخاطئ سوءًا عندما تظل العديد من الصور التي تم التقاطها قبل خمسين عامًا بالأبيض والأسود؛ مما يقودنا إلى افتراض أن العالم كان مظلمًا. لكن لم يكن الأمر كذلك ـ كانت سماؤهم مثل سمائنا تمامًا (وفي بعض الأماكن أكثر إشراقًا)، لقد عانوا من الألم مثلنا تمامًا وكانت خدودهم تتوهج تمامًا مثلنا؛ نحن مثلهم تمامًا وسنظل كذلك دائمًا.

قال محمد علي ذات مرة: "من الصعب أن تكون متواضعًا عندما تكون عظيمًا مثلي"، ولهذا السبب على وجه التحديد يجب على الأشخاص العظماء العمل بجدية أكبر للحفاظ على التواضع. إن أهمية الذات والغطرسة هي ميول طبيعية؛ يجب على الأشخاص العظماء أن يعملوا بجدية أكبر لمواجهة هذه التحديات. قد يكون من السهل أن تصبح متعجرفًا عندما يكون الشخص واثقًا من قدراته.
يوفر خزان الحرمان الحسي المعزول المكان المثالي لتحقيق العظمة. المشي وحيدًا على طول الشاطئ في وقت متأخر من الليل وسط محيط أسود لا نهاية له يرتطم بشواطئه، لا يمكن إلا أن يجعل المرء متواضعًا ومحترمًا.

يجب علينا أن نسعى بنشاط للتعاطف الكوني. كتب ويليام بليك عن الأمر بهذه الطريقة في إحدى قصائده الشهيرة: "أن ترى عالمًا في حبة رمل، وجنة في زهرة برية، وتمسك اللانهاية في يدك، والخلود في ساعة واحدة". !

إذا شعرت بالضعف أمام عناصر الطبيعة أو قوى الطبيعة أو البيئة المحيطة، فذكّر نفسك بمدى عدم جدوى القتال والتنافس ضد من حولك. بدلاً من ذلك، أعد الاتصال باللانهائي وأنهي انفصالك الواعي عن الواقع من خلال الانتباه إلى كل شيء من حولك ـ تذكر كم كان هناك من قبل وكم بقي القليل الآن.

بمجرد أن يهدأ شعورك، خذ جرعة أخرى. لا تنتظر؛ افعلها الآن.

الفصل 22: حافظ على رصانتك

تعتمد الزراعة الناجحة على أبسط مبادئها.

تتحدى أنجيلا ميركل معظم التوقعات بشأن القادة ـ وخاصة ألمانيا. إنها متواضعة ومتواضعة. إنها لا تقدم ادعاءات كبيرة أو تصريحات كبيرة كما يفعل معظم السياسيين.

إنها لا تضع الكثير من الأسهم في العرض التقديمي أو الفلاش. تتجنب الخطب النارية. وليس لديها رغبة في التوسع أو الهيمنة ـ فهي عمومًا تظل هادئة ومتحفظة.

تتميز أنجيلا ميركل عن العديد من القادة بأنها لا تتأثر بالأنا أو السلطة أو المنصب؛ ومع ذلك، فإن هذا الرصانة هو على وجه التحديد ما جعلها زعيمة شعبية لثلاث فترات وقوة مؤثرة من أجل الحرية والسلام في أوروبا الحديثة.

وفي درس السباحة للفتيات الصغيرات، يقال إن ميركل وقفت على لوح الغوص وفكرت في القفز منه، وتفكر في نفسها ما إذا كانت ستفعل ذلك أم لا. مرت دقائق؛ مر الوقت بعيدًا حتى قفزت أخيرًا بمجرد أن بدأ الجرس الذي يشير إلى نهاية الفصل في الرنين. هل كان خوفًا أم مجرد سلوك تحذيري؟ وبعد سنوات عديدة، عندما ضربت الأزمة أوروبا، كانت تذكر الزعماء بأن "الخوف ليس مستشارا". عندما كانت طفلة كانت على منصة الغوص تلك، أرادت أن تكون كل ثانية متاحة لاتخاذ القرار بدلاً من أن تكون مدفوعة بالتهور أو الخوف.

للوهلة الأولى، قد نفترض أن الناس يصبحون ناجحين بسبب الطاقة والحماس المطلقين وحدهما. في بعض الأحيان يمكن أن تلعب الأنا جزءًا لا يتجزأ من "جعل الأمر كبيرًا". ربما ساعدك غطرستك في دفعك إلى هناك، ولكن هل يمكن حقًا أن تستمر لعدة عقود قادمة؟

الجواب: لا. إن غرورنا يخبرنا بأننا لا نقهر، معتقدين أننا نمتلك قوة غير محدودة لن تتبدد أبدًا. ومع ذلك فإن العظمة تتطلب شيئًا مختلفًا: طاقة بلا حدود؟

تجسد ميركل حكاية السلحفاة والأرنب التي كتبها إيسوب؛ فهي بطيئة وثابتة، كما قال عنه إيسوب نفسه. في الليلة التي سقط فيها جدار برلين، كانت في الخامسة والثلاثين من عمرها. كان لديها طفل واحد في ذلك الوقت.
بعد أن تنتهي من الشرب وتعود إلى المنزل للنوم، تستيقظ مبكرًا في اليوم التالي وتذهب إلى العمل كما هو مقرر. وبعد سنوات، عملت لتصبح فيزيائية محترمة ولكن غامضة قبل أن تدخل السياسة في الخمسينيات من عمرها؛ أن يصبح في نهاية المطاف مستشارا ـ وهو طريق طويل وثابت.

ومع ذلك، فإن معظمنا يريد تحقيق النجاح بسرعة ودون تأخير، ودون صبر على الانتظار في طابور الترقية. عندما نصل إلى القمة، غالبًا ما نخطئ في اعتبار الأنا والطاقة ضروريين للحفاظ عليها، لكن هذا ليس صحيحًا.

ذات يوم حاول الرئيس الروسي فلاديمير بوتين تخويف ميركل من خلال السماح لكلبه الصيد الضخم باقتحام اجتماع (يقال إنها لا تحب الكلاب)، لكنها لم تتعثر ومازحت في وقت لاحق حول الأمر، مما جعله يبدو أحمق

وغير آمن. منذ صعودها وانتخابها كزعيمة، حافظت ميركل باستمرار على توازنها وحافظت على صفاء ذهنها بغض النظر عن أي ضغوط أو محفزات من حولها.

وفي موقفها، أظهرت ميركل الشجاعة من خلال التصرف بحزم بدلاً من الرد بغضب أو رسم خطوط في الرمال؛ غالبًا ما تؤدي مثل هذه الاستجابات إلى تأجيج التوتر أكثر من تخفيفه. وبدلاً من التصرف بناءً على غرورنا من خلال اتخاذ إجراءات قوية ضد طرف آخر، أظهرت ميركل الحزم والوضوح والصبر، وكانت على استعداد لتقديم التنازلات دون التنازل عن أي مبدأ على المحك. الكثير من الناس يغفلون عن هذه الحقيقة إتمامًا

هذا هو الرصانة. وهذا هو السيطرة على النفس.

لم تصبح أقوى امرأة في المجتمع الغربي بالصدفة؛ بل إنها تمسكت بهذا اللقب لمدة ثلاثة فترات بصيغة فعالة.

لقد فهم ماركوس أوريليوس هذا جيدًا. انغمس في السياسة تقريبًا ضد إرادته، وخدم الشعب الروماني منذ مراهقته حتى الموت في مناصب عليا على التوالي ـ وكان دائمًا مشغولاً بالطعون والحروب والقوانين والخدمات التي يجب منحها. سعى ماركوس للهروب مما أسماه "الإمبريالية"، وصمة عار السلطة المطلقة التي ألحقت العار بالأباطرة السابقين. لتحقيق هذه الغاية، كتب بنفسه أنه يجب عليه "الكفاح من أجل أن يصبح الشخص الذي حاولت الفلسفة تشكيلك عليه".

ويقال إن فيلسوف الزن زويغان كثيرا ما استحضر هذه الممارسة عندما كان ينادي لنفسه:

"يتقن_ـ"
"نعم سيدي؟"
ثم يقول: "كن رصينًا" ويؤكد رغبته بـ "نعم يا سيدي؟" (نعم سيدي؟) قبل أن يختتم بقوله:

"لا تدع الآخرين يضللونك."

واليوم يمكننا أن نضيف إلى ذلك: "نعم يا سيدي."

"لا تنخدع بتلقي الاعتراف أو وجود أموال في حسابك المصرفي،" يقرأ اقتباسًا مهمًا لوليام جيمس:

محاربة الرصانة تتطلب جهدا. يجب علينا أن نكافح بشدة ضد كل المؤثرات التي تتنافس على اهتمامنا وأن نبقى يقظين.

لاحظ شيلبي فوت أن "السلطة لا تفسد في حد ذاتها؛ بل إنها تفتت وتغلق الخيارات وتفتن. يمكن للأنا أن تحجب عقلك على وجه التحديد عندما تكون هناك حاجة ماسة إلى الوضوح ـ مما يجعل الرصانة علاجًا فعالاً ـ ـ أو أفضل من ذلك، وسيلة وقائية.

وكما ذكرت ميركل في عبارتها الشهيرة، فإن الساسة الآخرين قد يتسمون بالجرأة ويتمتعون بالكاريزما؛ إنها تفضل التحليل العقلاني بدلاً من ذلك. من المؤكد أن خلفيتها العلمية تساعد هنا ـ فالعديد من السياسيين يمكن

أن يصبحوا عبئًا بمرور الوقت. تهتم ميركل بالنتائج أكثر من اهتمامها بالصورة؛ حتى أن أحد الكتاب الألمان علق تكريمًا لها في عيد ميلادها الخمسين بأن التواضع كان سلاحها الرئيسي.

أدلى ديفيد هالبرستام بهذه الملاحظة حول مدرب باتريوتس بيل بيليشيك عندما ناقشه في مقال بقلم هالبرستام، مشيرًا إلى ازدرائه للأزيز بشكل عام وتأثيره على بيليشيك وكذلك ميركل: هؤلاء القادة يعرفون أن شرائح اللحم تفوز بالمباريات وتدفع الدول إلى الأمام بينما تخلق الأزيز عقبات. لاتخاذ قرارات مستنيرة بشأن من يجب ترقيته، أو ما الذي يجب تشغيله، أو التعليقات المتلقاة، أو المكان الذي يجب أن يتعامل فيه الشخص مع مشكلة ما.

وكانت أوروبا في عهد تشرشل تحتاج إلى نوع واحد من الزعماء، في حين يتطلب عالم اليوم المترابط نوعاً آخر من الزعماء. ونظرًا لوجود الكثير من المعلومات والمنافسة التي تتطلب الفرز، فضلاً عن التغيير الذي يحتاج إلى إدارته بفعالية بدون قائد فعال، فإن كل شيء سيضيع بدون تفكير وتوجيه واضحين من قادة مثل تشرشل.

لا تتضمن الرصانة الخالية من الأنانية الامتناع عن المخدرات والكحول، ولكن هناك بالتأكيد عنصر ضبط النفس والتخلص من المشاركة في ممارستها ـ لم تعد مهووسًا بصورتك؛ معاملة الأشخاص الذين هم أقل منك أو أعلى منك بازدراء؛ المطالبة بزخارف من الدرجة الأولى ومعالجة النجوم؛ أو الانغماس في أفعال مثل الغضب أو القتال أو التأنق أو الأداء أو السيطرة أو التنازل أو التعجب من نفسه بتعليقات فخورة مثل: "واو، هذا الشخص رائع بالتأكيد."

يجب أن تكون الرصانة بمثابة ثقل موازن للنجاح، خاصة إذا استمرت الأمور في التحسن.

وكما أشار جيمس باسفورد، فإن الأمر يتطلب دستوراً قوياً لتحمل موجات الازدهار المتعاقبة ـ وهذا ما نجد أنفسنا فيه اليوم.
هناك قول مأثور مفاده أنه لكي تعيش سعيدًا، عليك أن تعيش خلف أبواب مغلقة. وفي حين أن هذا قد يكون صحيحا بالنسبة لبعض الناس، فهذا يعني أننا نفتقر إلى الأمثلة الجيدة مثل أنجيلا ميركل التي تمثل أغلبية صامتة كبيرة في الأماكن العامة.

لا يعني ذلك أننا غالبًا ما نصدق ما نراه على شاشات التلفزيون، ولكن هناك في الواقع أشخاصًا ناجحين يعيشون حياة متواضعة في شقق متواضعة مثل ميركل. إنهم يستمتعون بحياة خاصة طبيعية مع أزواجهم (لم تتخلف ميركل عن حفل تنصيبها الأول). حياتهم تفتقر إلى الحيلة. يرتدون ملابس عادية. معظم الأشخاص الناجحين يظلون مجهولين بالنسبة لك لهذا السبب بالذات ـ وهذا هو ما يعنيه النجاح بالنسبة لهم!

إن الحفاظ على الرصانة يساعدهم على أداء واجباتهم بشكل أكثر فعالية.

الآن تم تقديم الأدلة، ويجب أن تصل إلى قرارك.

والآن أنت في القمة، ماذا اكتشفت؟ مدى صعوبة وتعقيد إدارتها. ربما كنت تعتقد أن الأمور ستصبح أسهل عند وصولك؛ للأسف ليس كذلك.

وبدلاً من ذلك، فقد أثبت أنه أكثر تحديًا، فهو وحش مختلف تمامًا. ما اكتشفته هو أن إدارة نفسك بفعالية من أجل الاستمرار في النجاح يتطلب يقظة مستمرة.

لقد فهم أرسطو جيدًا الصراع بين الأنا والسلطة والإمبراطورية. وربما كان أشهر تلاميذه هو الإسكندر الأكبر؛ وبتوجيه من أرسطو كجزء من تعليمه، غزا الإسكندر كل الأراضي المعروفة على وجه الأرض. على الرغم من شجاعته وتألقه في نفس الوقت، إلا أن الإسكندر تجاهل أحد الدروس الرئيسية التي تعلمها من أرسطو. قد يفسر ذلك وفاته عن عمر يناهز الثانية والثلاثين على يد ما قد يكون من القوات الداخلية التي قالت في النهاية طفح الكيل ـ ومن المحتمل أن يكون قد قُتل على يد أفراد من جيشه الذين قالوا في النهاية طفح الكيل!

كان للإسكندر طموحات كبيرة. لسوء الحظ، فشل في التعرف بشكل كامل على "الوسط الذهبي" لأرسطو. تحدث أرسطو في كثير من الأحيان عن الفضيلة والتميز كنقاط على طول سلسلة متصلة، مثل الشجاعة التي تقع بين الجبن والتهور في أي من الطرفين. كان الكرم سمة أخرى يقدرها أرسطو والتي يجب أن تتجنب الإسراف أو البخل إذا أريد لها أن تظل مفيدة؛ وإلا فإننا نخاطر بحدوث حالات متطرفة خطيرة؛ وبدون إيجاد نقطة التوازن هذه (أطلق عليها أرسطو اسم الوسط الذهبي)، يصبح التميز شبه مستحيل؛ "في كل حالة، يتطلب الأمر عملاً شاقًا لتحديد موقع ما يعادله؛ على سبيل المثال، لا يمكن تحديد نقطة المنتصف إلا لأولئك الأشخاص ذوي المعرفة الذين يعرفون ذلك".

يمكننا استخدام الوسط الذهبي لتوجيه غرورنا ورغبتنا في الإنجاز.

الطموح يأتي بسهولة؛ يمكن لأي شخص أن يضع قدمه بقوة على الغاز. الرضا عن النفس يأتي بسرعة أيضًا. فما عليك سوى أن ترفع قدمك عنها، ويتعين علينا أن نتجنب ما يشير إليه الخبير الاستراتيجي في مجال الأعمال جيم كولينز بـ "الطموح غير المنضبط السعي وراء المزيد" والرضا عن الذات الذي يأتي من الاستحسان يمكن أن يؤدي إلى الرضا عن النفس." أفضل ما قاله أرسطو: ما هو صعب هو ممارسة ضغط كافٍ في اللحظة المناسبة تمامًا، ولمدة كافية، باستخدام المركبات المناسبة، بما يتماشى مع الوجهات التي نرغب فيها وفي اللحظة المناسبة تمامًا.

الفشل في القيام بذلك يمكن أن يكون له تداعيات خطيرة.

عبارته الشهيرة عن نابليون أنه عندما يسعى الأشخاص ذوو الطموح الكبير إلى السعادة فإنهم يجدون الشهرة بدلاً من ذلك. ما يعنيه هذا الاقتباس هو أن كل هدف لديه القدرة على أن يقودنا على الطريق نحو الإنجاز؛ ولكن عندما تسيطر الأنانية علينا غالبًا ما نفقد مسار تلك النية وينتهي بنا الأمر في مكان آخر غير مقصود. تأكد إيمرسون من أنه سلط الضوء في مقالته الشهيرة عن نابليون على مدى فترة وجيزة بعد وفاة نابليون

عادت أوروبا إلى ما كانت عليه قبل بدء صعوده النيزكي؛ كل تلك الوفيات والجهود والجشع والأوسمة كانت هباءً بالسرعة التي تلاشت بها شهرته بسرعة مثل نيران المدفعية. كتب إيمرسون أنه حتى بسرعة تلاشى مثل الدخان الناتج عن قوة نيران مدفعية نابليون وقد تفرق بسرعة. تمامًا مثل الدخان المنبعث من قوة نيران مدفعيته التي تبددت بسرعة دون حدوث أي تغيير كبير بعد صعوده المفاجئ ـ سرعان ما تلاشى مثلما اختفت قوة نيران مدفعيته بسرعة مثل تم إخماد الدخان من خط نيران مدفعيته.

قد يبدو هوارد هيوز وكأنه منشق ملهم اليوم، لكنه لم يكن راضيا دائما. عندما اقترب من الموت، حاول أحد مساعدي هيوز مواساته قائلًا: "يا لها من حياة مذهلة عشتها". رد هيوز على هذا المجاملة بطريقة نموذجية. مع التأكيد الحزين لشخص قد حان وقته بوضوح. إذا كان أي شخص قد تبادل الأماكن معه في الحياة، قال: "إذا كان هذا في أي أسبوع آخر غير أسبوعي، فمن المحتمل أن أطلب العودة مرة أخرى".""

ولسنا بحاجة إلى أن نتبع خطواتهم؛ بدلاً من ذلك، نحن نفهم القرارات التي يجب اتخاذها لتجنب النهاية المخزية، وحتى المأساوية. حماية رصانتنا، ورفض الجشع وجنون العظمة، والبقاء متواضعين، والبقاء على اتصال بالمجتمع ككل، والاتصال بقضايا العالم الأكبر وما إلى ذلك.

لكن الرخاء لا يضمن نفسه؛ تتآمر الحياة ضدنا بعدة طرق وتجبر الطبيعة كل شيء على العودة إلى توازنه الطبيعي. الرياضة هي إحدى هذه المجالات. بعد موسم الفوز، يصبح الجدول الزمني أكثر صعوبة بينما تتلقى الفرق الأقل نجاحًا اختيارات مسودة أفضل؛ وفي ظل الحد الأقصى للرواتب، يصبح الحفاظ على الفرق معًا أكثر صعوبة؛ وتزداد الضرائب مع دخلك حيث يضيف المجتمع التزامات؛ تنقلب وسائل الإعلام على من غطتهم من قبل بينما تصبح النميمة ثمن الشهرة: إنه مخمور؛ انها مثلي الجنس. إنه يدعم أنشطتها نفاقًا بينما تعمل ضدها. تدعم الحشود المستضعف ضد الفائزين على حد سواء ـ مما يخلق تبادلًا غير متكافئ يشجع الفائزين الحقيقيين بدلاً من متابعتهم في بعض الأحيان.

الحياة مليئة بالحقائق الصادقة. من يستطيع أن ينكرهم؟ بدلاً من السماح للسلطة بأن تحولنا إلى حمقى مخدوعين بأنفسنا ونعتبر ما لدينا أمراً مفروغاً منه، سيكون من الحكمة أن نكرس بعض وقتنا وطاقتنا للتخطيط لتحولات الحياة الحتمية ـ مثل الشدائد أو الصعوبة أو الفشل.

تعتبر الانتكاسات والانحدارات جزءًا لا يتجزأ من دورة الحياة.

ولكن يمكننا إدارة ذلك أيضًا.

الفصل 24: الفشل

فالفشل وشيك بالنسبة للشركات إذا لم يتكيف نموذجها الحالي بالسرعة الكافية.
وهنا نجد أنفسنا نختبر التجارب الملازمة لأي رحلة. ربما فشلنا، أو ثبت أن تحقيق أهدافنا أصعب مما كان متوقعا. لا أحد ينجح بشكل دائم في محاولته الأولى؛ تحدث النكسات على طول الطريق. يمكن للأنا أن تتركنا غير مستعدين لهذه الظروف، وغالبًا ما تساهم في حدوثها في المقام الأول. ومن أجل النهوض مرة أخرى من هذه النكسات، نحتاج إلى إعادة التوجيه وزيادة الوعي الذاتي بدلاً من الشفقة على الذات أو على أي شخص آخر. للنهوض مرة أخرى، نحتاج إلى الهدف والاتزان والصبر بدلاً من أي شكل من أشكال الشفقة على الذات من أي مكان على أي من الطرفين.
ولأن الناس يميلون إلى التعاطف بشكل أعمق مع أفراحنا أكثر من تعاطفنا مع حزننا، فمن المفهوم لماذا يفضل الناس التباهي بثرواتهم بدلاً من الاعتراف بفقرهم. لا يوجد شيء محبط أكثر من إجبارنا على إظهار محنتنا أمام البشرية جمعاء على الرغم من أننا نعرف جيدًا العبء الذي نتحمله وحدنا.

أمضت كاثرين جراهام معظم النصف الأول من حياتها في التعرض لجميع جوانب الحياة. كان والدها يوجين ماير مستثمرًا ماليًا خبيرًا جمع ثروات من خلال تداول الأسهم. بينما كانت والدتها، هيلين ماير، جميلة وذكية في المجتمع. شهدت كاثرين كل هذا قبل أن تصبح واحدة من ثلاثة أطفال في مدرسة النخبة هذه في شيكاغو. ونتيجة لذلك، استوعبت كاثرين الكثير مما كان يدور حولها عندما وصلت إلى مرحلة البلوغ.

كان لدى كاثرين كل شيء: أفضل المدارس والمدرسين، ومنازل كبيرة بها خدم لتوفير الراحة لها، وخادمات لتلبية احتياجاتها.

في عام 1933، اشترى والد كاثرين جراهام صحيفة واشنطن بوست ـ التي كانت آنذاك تكافح ولكنها مهمة ـ والتي بدأ بعد ذلك في تغييرها. اهتمت كاثرين بها أيضًا، ورثتها في النهاية عندما أصبحت أكبر سنًا قبل تسليم الإدارة إلى فيليب جراهام، زوجها المثير للإعجاب بنفس القدر.

لا شك أنها كانت حياة سهلة. كانت راضية بكونها ذيل طائرة ورقية لزوجها (ووالديها)، على حد تعبيرها.

سرعان ما تغير فيل جراهام، وأصبح سلوكه جامحًا بشكل متزايد؛ لقد بدأ يشرب الخمر بكثرة، ويتخذ قرارات تجارية محفوفة بالمخاطر لا يمكنهم تحملها، ويشارك في الشؤون، ويهين زوجته علنًا أمام كل من يعرفونه، ويهينها علنًا أمام أصدقائهم... هل يبدو الأمر مألوفًا؟ للأسف لا؛ عانى فيل من انهيار عقلي شديد، حاولت كاثرين علاجه لكنها دفعته في النهاية إلى إنهاء حياته ببندقية صيد بينما كانت تغفو في المنزل المجاور.

تولت كاثرين جراهام قيادة شركة واشنطن بوست عندما كانت في السادسة والأربعين من عمرها، على الرغم من عدم وجود خبرة عمل سابقة أو إعداد لمثل هذا المنصب. غير مستعدة وخجولة بطبيعتها، ومع ذلك أثبتت كاثرين نجاحها في توجيه شؤونها إلى الأمام ببعض الصعوبة والمهارة.

على الرغم من كونها مأساوية، إلا أن أحداث جراهام لم تكن كارثة غير مسبوقة؛ ظلت غنية وبيضاء ومتميزة رغم كل ذلك. ومع ذلك، لم تكن هذه الأحداث هي ما توقعت جراهام أن تقدمه لها الحياة؛ الفشل نسبي وفريد بالنسبة لكل واحد منا؛ غالبًا ما تتلاعب الحياة بخططنا بطرق لم نتوقعها ـ أحيانًا مرة واحدة أو أكثر من مرة!

وكما لاحظ الفيلسوف المالي والاقتصادي جورج جودمان ذات يوم، فإن الأسواق المالية غالباً ما تبدو وكأنها كرة رائعة مليئة بالشمبانيا المتلألئة من كل كأس والضحك الهادئ الذي يملأ هواء الصيف. نحن نعلم أنه في أي لحظة، سيأتي الفرسان السود ويغلقون أبواب الشرفات ويحدثون الفوضى ويشتتون الواقفين؛ ومن يغادر مبكراً فهو آمن؛ لكن لا أحد يريد المغادرة عندما لا يزال هناك وقت ـ مما يدفع الجميع إلى التساؤل "ما هو الوقت؟" لكن لا يوجد عقارب في أي من الساعات.

لقد كان يتحدث عن الأزمات الاقتصادية، لكن كلماته يمكن أن تنطبق بنفس السهولة على حياتنا بشكل عام. يبدو كل شيء على ما يرام ـ تحقيق هدف كبير أو تجربة ثماره في النهاية؛ حتى يتدخل القدر . إذا أدى النجاح إلى تسمم غرورنا، فقد يكون الفشل مدمرًا ـ مما يؤدي إلى الانزلاق إلى السقوط وخروج المشاكل الصغيرة عن نطاق السيطرة. لو أن غرورنا كان يومًا ما عائقًا في طريق تحقيق أحلامنا.

يمكن أن يكون الفشل أكثر من مجرد نتيجة ثانوية غير سارة للنجاح؛ يمكن أن يكون قاتلاً.

وبغض النظر عن التسمية المستخدمة للإشارة إليها، فإن المشاكل تأتي في جميع الأشكال والأحجام ـ من التخريب والظلم، إلى التجارب والمآسي، وكلها إلى التجارب التي يجب أن نتحملها في حياتنا اليومية. إنها ليست سهلة أبدًا، وفي بعض الأحيان تتسبب في تعثرنا ـ بينما يبدو البعض الآخر أكثر مرونة ـ ومع ذلك يجب على كل شخص أن يتحمل هذا الاختبار بغض النظر.

لقد كتب لنا هذا المصير كما كتب لجلجامش قبل خمسة آلاف عام:

يجب عليه أن يواجه معركة مجهولة وغير معروفة، ويخوض صراعًا شاقًا دون أن يكون لديه أي فكرة عن مكان الخطوط الأمامية.

سوف يسير في طريق غير معروف.

اكتشفت كاثرين جراهام ذلك بسرعة. ولم يكن الاستحواذ على الصحيفة سوى بداية لسلسلة متواصلة من التجارب الصعبة والمؤلمة التي امتدت لنحو عقدين من الزمن.

لاحظ توماس باين، في مناقشة جورج واشنطن، أن هناك في بعض العقول جمودًا متأصلًا لا يمكن كسره بالتفاهات، ولكن بمجرد تحرره من هذا الجمود ينتج عنه خزانة واسعة من الثبات ـ وهو شيء يبدو أن جراهام يمتلكه بالتأكيد.

عندما بدأت غراهام منصبها القيادي الجديد، سرعان ما اكتشفت أن مجلس المحافظين كان يشكل عقبة. لقد كانوا متعاليين ويتجنبون المخاطرة. وقد أدى هذا إلى إعاقة التقدم في الشركة. ولتحقيق النجاح، يجب على جراهام أن تجد صوتها الخاص بدلاً من الانصياع لمن حولها كما فعلت من قبل. في النهاية كان من الواضح أنها بحاجة إلى محرر تنفيذي جديد؛ وخلافًا لنصيحتهم، اختار جراهام شابًا مغرورًا غير معروف بدلاً من ذلك. وقد أثبتت هذه الاستراتيجية نجاحها.

أدركت غراهام أن الأمر لن ينتهي بشكل جيد عندما تلقت مجموعة من الوثائق الحكومية المسروقة التي أراد نشرها على الرغم من أوامر المحكمة بحظر نشرها. استشارت جراهام The Post محررو صحيفة

محاميها، ثم مجلس الإدارة، قبل الموافقة في النهاية على نشرها. ونصحها الجميع بعدم نشرها، خوفًا من أن يؤدي ذلك إلى تعريض الاكتتاب العام للخطر أو تقييد الشركة في التقاضي لسنوات قادمة. على الرغم من النصيحة، قررت نشرها والمخاطرة بالمقاضاة - وهو قرار غير مسبوق لم يسبق له مثيل في التاريخ. بعد ذلك بوقت قصير، هدد التحقيق الذي أجرته صحيفة واشنطن بوست في عملية سطو على مقر اللجنة الوطنية الديمقراطية باستخدام مصدر مجهول بوضعها في معارضة مع كل من الرئيس كلينتون والنخبة القوية في واشنطن، فضلاً عن تعريض التراخيص المطلوبة لمحطات التلفزيون المملوكة لهم للخطر. وفي مرحلة ما، أصدر جون ميتشل - المدعي العام الموالي لنيكسون - تحذيراً بأن جراهام تجاوزت حدودها وكانت معرضة لخطر "الوقوع في عصارة كبيرة". وتفاخر أحد المساعدين بأن البيت الأبيض كان يدرس سبل إيذاء صحيفة جراهام بشكل أكبر. هل تضع نفسك في موقف جراهام: هل أصبح أقوى مكتب في العالم الآن يضع استراتيجية صريحة بشأن سبل إلحاق الضرر الشديد ببوست؟

تم إرسال جراهام للتفاوض مع أحد المستثمرين الذي بدأ في شراء الأسهم بقوة في عام 1974، الأمر الذي أخاف أعضاء مجلس الإدارة لأنه قد يؤدي إلى محاولة استحواذ عدائية وكانوا قلقين من أن ذلك قد يعرض الصحيفة للخطر. اتخذ جراهام خطوات للتعامل معهم. وفي العام التالي، شنت نقابة المطبعين في صحيفتها "Phil Shot the Wrong Graham". إضرابًا عنيفًا. حتى أن أعضاء الاتحاد ارتدوا قمصانًا كتب عليها قررت عدم الالتزام بهذه التكتيكات ومحاربة الإضراب وجهاً لوجه. فقاتلوا وانتصروا. في الرابعة صباحًا، ذات صباح، جاءت مكالمة هاتفية عاجلة. الناشطون النقابيون اتخذوا إجراءات ضد آلات الشركة، وهاجموا موظفًا بريئًا، وأشعلوا النار في إحدى المطابع. عادة أثناء إضرابات الطباعة، يتدخل المنافسون لمساعدة الصحف الأخرى من خلال توفير الإمدادات.
رفض منافسو جراهام ذلك، مما كلف الصحيفة 300 ألف دولار يوميًا من عائدات الإعلانات.

بعد ذلك، بدأ العديد من كبار المستثمرين في بيع أسهمهم في شركة واشنطن بوست بعد أن فقدوا الثقة في آفاقها على ما يبدو. قررت جراهام، تحت ضغط من مستثمر ناشط التقت به في وقت سابق، إنفاق مبالغ هائلة من المال لإعادة شراء أسهمها في الأسواق العامة - وهي استراتيجية محفوفة بالمخاطر غير مسبوقة في ذلك الوقت.

لقد ثابر جراهام خلال كل هذه الصعوبات ليحقق في نهاية المطاف نتائج إيجابية لم يكن لأحد أن يتوقعها.

أصبحت وثائق كاثرين جراهام المسربة معروفة باسم أوراق البنتاغون وأصبحت واحدة من اللحظات الحاسمة في عالم الصحافة. وأثارت تغطيتهم لحادثة ووترغيت غضب البيت الأبيض في عهد الرئيس نيكسون، وغيرت التاريخ الأميركي إلى الأبد، وأدت إلى سقوطه. كما حصلت الصحيفة على جائزة بوليتزر. لقد تبين أن ما اعتقده الكثيرون أنه المستثمر الكابوس بالنسبة لها لم يكن سوى وارن بافيت نفسه - حيث لم يصبح مرشد أعمالها فحسب، بل أصبح أيضًا مناصرًا هائلاً وحاميًا لشركتها (ستتحول استثماراته في النهاية إلى ملايين الدولارات). لقد انتصرت في المفاوضات مع النقابة وأنهت الإضراب في النهاية، لتصبح واحدة من ناشري الصحف الرئيسيتين في واشنطن من خلال شراء منافسها الرئيسي (النجم). بالإضافة إلى ذلك، فإن عمليات إعادة شراء الأسهم المثيرة للجدل التي قامت بها - والتي تمت بشكل مخالف لحكمة الأعمال وكذلك ظروف السوق - جلبت للشركة المليارات.

لقد ثابر جراهام خلال الأوقات الصعبة والأخطاء في الحكم والأزمات المتكررة والإخفاقات والهجمات - لكنه في عام 1971، لبلغت Post نجح في النهاية. لو أنك استثمرت دولارًا واحدًا في الاكتتاب العام الأولي لشركة قيمته 89 دولارًا بحلول عام 1993 - مقارنة بـ 14 دولارًا لصناعتها و5 دولارات لمؤشر ستاندرد آند بورز.

لا تقف بياتريس أمواكو كواحدة من أنجح المديرات التنفيذيات في جيلها وأول من أدارت إحدى شركات فورتشن 500 فحسب، بل كواحدة من أعظم الرؤساء التنفيذيين على الإطلاق.

لقد شهدت جراهام ما يمكن اعتباره معمودية النار خلال حياتها المبكرة. لقد واجهت صعوبات لم تكن مستعدة للتعامل معها ـ في بعض الأحيان، حتى أنها شعرت كما لو أن بيع كل تلك الثروة ربما كان أفضل لها. لم تكن جراهام هي التي تسببت في انتحار زوجها، ولكن كان على عاتقها الاستمرار بدونه. وفي حين لم يطلب أحد ووتر غيت وأوراق البنتاغون، فقد كان من مسؤوليتها التعامل مع طبيعتها المتفجرة. وبينما ذهب آخرون إلى عمليات الشراء والاندماج خلال الثمانينيات، قررت جراهام ألا تحذو حذوها: وبدلاً من ذلك ضاعفت جهودها على نفسها وعلى شركتها على الرغم من تعامل وول ستريت معها على أنها ضعيفة. كان بإمكانها أن تسلك طريقًا أسهل عدة مرات، لكنها اختارت بدلاً من ذلك الطريق الصعب.

عند كل منعطف، هناك فشل ونكسات. يلاحظ بيل والش، "إن طريقك إلى النصر دائمًا تقريبًا يأخذك عبر أماكن تسمى الفشل". لاستعادة النجاح مرة أخرى، نحتاج إلى فهم ما أدى إلى هذه اللحظات الصعبة (أو السنوات) الصعبة ـ ما الخطأ الذي حدث ولماذا ـ بالإضافة إلى التعامل مع موقفنا بفعالية من أجل تجاوزه ـ وقبول ما يحدث أثناء الدفع خلال. واجهت جراهام الكثير من الصعوبات التي واجهتها بمفردها وكانت تتحسس طريقها إلى الأمام بشكل أعمى؛ كافحت جراهام في كل شيء بمفردها حتى اكتشفت موهبتها في النهاية: قدرة امتلكتها وساعدتها على التنقل خلال صراعاتها ـ وهو شيء لم تختبره جراهام بشكل كامل على الرغم من كونها وحيدة خلال معظم صراعاتها عندما بدأت ترى إمكاناتها داخل نفسها و بدأت رحلتها بمحاولتها القيام برحلتها بمفردها عندما شعرت بطريقتها إلى الأمام بشكل أعمى وتدفع تجاربها عندما تواجه قوة مجهولة: نفسها في بحثها عن موهبتها ولا تعرف شيئًا عن نقاط قوتها أو قدراتها، فعلت جراهام ذلك بمفردها وكانت يُترك وحيدًا عند مواجهة الصعوبات؛ لم يكن لديها سوى القليل أو لم يكن لديها أحد تتجه نحوه ووجدت نفسها تتحرك ببطء على طول طريقها الخاص بينما وجدت نفسها وحيدة وهي تحاول طريقها نحو النجاح على الرغم من أنها وجدت نفسها تكافح بمفردها داخل نفسها حتى بدأت يومًا ما في المضي قدمًا حتى بدأت رحلتها. قطعت خطوات كبيرة للأمام حتى وجدت رحلتها بمفردها للمضي قدمًا حتى أحرزت تقدمًا في النهاية للأمام... جهود جراهام الخاصة عندها فقط، شعرت بالإنجاز بشكل أعمى. شعرت رحلة غراهام بالوحدة بأنها تمضي قدمًا. اتجاه جراهام يكتشف فقط. شعرت بالوحدة في رحلتها وحدها بينما شعرت مثلها بشكل أعمى؛ غالبًا ما تحاول بشكل أعمى رحلتها الشخصية بمفردها حتى تجد نفسها أخيرًا بمفردها. شعرت غراهام بطريقتها. انها تشعر عمياء طريقها. رحلة غراهام. لقد شعرت بشكل أعمى بأنها وحيدة لتتقدم للأمام... جراهام.

تُركت إيرين تبحث عن إجابات بعد وقوعها في موقف معقد بشكل غير متوقع لم تتوقع أن تجد نفسها فيه أبدًا. تُظهر قصتها كيف أنه حتى عندما نبذل قصارى جهدنا ونتصرف بشكل أخلاقي، لا يزال من الممكن أن تبتعد الحياة عنا وترمي كرات منحنية غير متوقعة في حياتنا. طريق

يعتقد الناس في كثير من الأحيان أن الفشل يأتي من ذوي الغرور المغرور الذين يبحثون عن الفشل بأنفسهم؛ لقد استحق نيكسون سقوطه؛ هل جراهام؟ ومع ذلك، في حين أن الأشخاص السيئين يمكن أن يهيئوا أنفسهم للفشل (أو يفشلهم الآخرون)، فإن الأشخاص الطيبين غالبًا ما يعانون أيضًا من الفشل من الداخل أو من الخارج. والحياة في كثير من الأحيان لا تعامل الجميع على قدم المساواة ـ هذه هي الحياة بالنسبة لك فقط.

تستمتع الأنا بفكرة أن شيئًا ما يجب أن يكون عادلاً أو غير عادل، ويطلق علماء النفس على هذه الظاهرة اسم "الإصابة النرجسية". عندما نأخذ أحداثًا موضوعية بشكل شخصي ليس لها تأثير علينا شخصيًا ـ على سبيل المثال عندما يكون إحساسنا بذواتنا هشًا ويعتمد على سير الحياة في طريقنا طوال الوقت ـ بغض النظر عما إذا كانت مشكلتك هي مسؤوليتك أم لا؛ ما يهم الآن هو كيفية معالجة صراعاتك الحالية؛ لم تكن جراهام هي السبب في فشلها، لكن لو كان لديها فشل، لكان من الممكن أن يمنع النجاحات المستقبلية من الحدوث مرة أخرى. غالبًا ما يصل الفشل دون دعوة، لكن الكثير منا يسمح للفشل بالبقاء في غرورنا مما يسمح له بالبقاء معنا لفترة أطول من اللازم.

ما الذي كان جراهام يحتاج إليه خلال كل هذه الاضطرابات؟ كانت بحاجة إلى القوة، وليس الغطرسة. لقد كانت في حاجة إلى الثقة والاستعداد لتحمل المشقة بكرامة، إلى جانب إحساس داخلي بالصواب والخطأ، وبالهدف والواجب ـ ليس من أجل نفسها، بل لخدمة تراث أسرتها، وحماية الجريدة، وأداء وظيفتها على أكمل وجه.

ماذا عنك؟ هل ستعيق غرورك الطريق عندما تصبح الأمور صعبة أم يمكنك المضي قدمًا بدونها؟

عندما نواجه صعوبة ـ وخاصة الصعوبة العامة (المشككين والفضائح والخسائر)، فإن الأنا لصديقنا سوف تكشف عن نفسها بالكامل.
وبافتراض وجود ردود فعل سلبية، فإن غرورنا يقول: كنت أعلم أنك لا تستطيع القيام بذلك، فلماذا حاولت أصلاً؟ قد نشعر بالضغط من الآخرين أو من أنفسنا لعدم إحراز تقدم، لكن غرورنا يخبرنا أنه لا ينبغي لنا أن نتحمل مثل هذه الأشياء وهو مؤشر على أننا قد نكون جزءًا من المشكلة وليس الحل.

أي أن كل إصابة تتعرض لها تؤدي إلى تفاقم أعراضها وتسبب المزيد من الأذى للنفس.

يكتب أبيقور عن أولئك الذين يميلون إلى النرجسية على أنهم يعيشون في "مدينة غير مسورة"، حيث يتعرض إحساسهم الهش بالذات للتهديد باستمرار، ولم تعد الأوهام أو الإنجازات بمثابة آليات دفاع عندما تقصف هوائيات الاستشعار المدربة باستمرار توازنك الهش بإشارات تهدده. . .

إن الحياة الفقيرة غير قابلة للعيش وغير مستدامة.

هل يمكنك أن تتخيل خيبة أمله بعد إجراء كل التغييرات والعمل الجاد؟ بعد توليه المسؤولية خلفًا لمدرب غير كفء سبقه، لينتهي الأمر بعمر 2-14 خلال عامك الأول كمدرب رئيسي/مدير عام؟ معظمنا سوف يلوم شخص آخر.

أدرك والش أنه يحتاج إلى دليل على أن الأمور تتغير في مكان آخر؛ بالنسبة له، كان هذا يعني النظر في كيفية لعب المباريات، واتخاذ القرارات الجيدة وتنفيذ التغييرات داخل المنظمة. بعد موسمين فازوا بأول فوز لهم في سوبر بول. وجاءت المزيد من الانتصارات بعد ذلك بموسمين. لا بد أن هذه الأشياء بدت بعيدة عند الحضيض، لذا يجب أن تكون قادرًا على النظر إلى الماضي ومن خلاله.

لاحظ جوته أن أحد أكبر الأخطاء التي يمكن أن يرتكبها المرء هو أن ينظر إلى نفسه على أنها أكثر مما هي عليه حقًا، بينما يقلل من قيمته على قدم المساواة. إحدى الطرق التي أظهرت بها كاثرين جراهام هذا المفهوم في الفترة من 1977 إلى 1988. يمكن CBGB كانت من خلال عمليات إعادة شراء الأسهم أثناء قيادتها لبنك

أن تكون عمليات إعادة شراء الأسهم مثيرة للجدل لأنها غالبًا ما تأتي من الشركات التي تعاني من ركود أو انخفاض في النمو، وبالتالي فهي بمثابة بيان لا يصدق ضد تقييم السوق: فهي تسيء الحكم علينا بشكل كبير ومن الواضح أنها تفتقر إلى نظرة ثاقبة حول أين يكمن مستقبلنا بحيث يجب عليهم استخدام أموال الشركة على هذه المقامرة لإقناعهم.

في كثير من الأحيان، يقوم الرؤساء التنفيذيون غير الشرفاء أو المغرورون بشراء أسهم الشركة من أجل زيادة سعرها بشكل مصطنع، في حين أن الرؤساء التنفيذيين الخجولين أو الضعفاء لن يفكروا أبدا في المقامرة على أنفسهم. لقد أصدر جراهام حكمًا قيميًا ذكيًا؛ بمساعدة بافيت يمكنها تقييم العائد. أدركت كاثرين جراهام بشكل موضوعي أن السوق لم يعترف بالقيمة الحقيقية لأصول شركتها. لقد أدركت أن ضربات السمعة ومنحنيات التعلم وانخفاض أسعار الأسهم ساهمت جميعها في انخفاض سعر السهم مما أدى إلى انخفاض ثروتها الشخصية وخلق فرص هائلة للشركة. خلال فترة قصيرة، استحوذت كاثرين جراهام على ما يقرب من 40% من الأسهم بأجزاء مما أصبحت تستحقه فيما بعد؛ فالسهم الواحد الذي اشترته بحوالي 20 دولارًا سيصبح في النهاية أكثر من 300 دولار في أقل من 10 سنوات!

استخدم جراهام وولش مقاييس داخلية سمحت لهما بقياس وتقييم تقدمهما بينما كان الآخرون من حولهم يركزون على علامات الفشل أو الضعف المتصورة.

وهذا هو ما يرشدنا في أوقات الشدة.

قد يفلت منزل أحلامك ووظيفتك وفرصة من بين أصابعك؛ قد يقوم شخص ما بالمزايدة عليك ـ سواء غدًا، أو بعد 25 عامًا، أو بعد دقيقتين أو 10 سنوات من الآن ـ تمامًا كما فعلوا مع أي شخص آخر. الفشل والمحن جزء من الحياة ـ وهذا لا يجعلنا معفيين؛ الجميع يواجههم أيضًا.

وكما قال بلوتارخ ببلاغة: إن المستقبل يقف أمام كل واحد منا بكل مخاطره المجهولة؛ وملاذنا الوحيد يكمن "في مواجهتها وجهاً لوجه".

الأشخاص المتواضعون والأقوياء لا يعانون من نفس الضيق المرتبط بالصعوبات مثل الأنانيين؛ هناك عدد أقل بكثير من الشكاوى وعدد أقل من حالات التضحية بالنفس؛ وبدلاً من ذلك، هناك مرونة رواقية تسمح لهم بالتأقلم بشكل أفضل دون الحاجة إلى التحقق المستمر من الآخرين. لا يلزم توفير الشفقة أيضًا؛ هويتهم لا تهددهم، لذا فإن مرونتهم تمكنهم من العيش بشكل جيد بدونها.

إن تحقيق هذا الهدف يتجاوز مجرد النجاح: ما يهم هو القدرة على التكيف بسرعة عندما تتحدانا الحياة.

كيف نثابر.

الفصل 25: عش أو مت!

العيش دون إضاعة الوقت. (لا تضيعوا أيًا منها أبدًا.)

-- الشعار السياسي الباريسي

كان مالكولم إكس مجرمًا في يوم من الأيام، ولكن ليس تحت لقبه الحالي مالكولم إكس. وبدلاً من ذلك، أطلقوا عليه اسم ديترويت ريد في ذلك الوقت وكان يعمل كمجرم فرصة مع بعض العلاقات في ديترويت وأماكن أخرى.

لقد جرب كل شيء: التعامل مع الأرقام، وبيع المخدرات، والعمل كقواد قبل أن يتدرج في السرقة المسلحة مع عصابته الخاصة بالسطو التي كان يديرها بقبضة من حديد باستخدام كل من التخويف والجرأة كأدوات للهيمنة ـ مستغلًا هذه الحقيقة. لا يخاف من القتل أو الموت نفسه.

أخيرًا، تم القبض عليه وهو يحاول بيع ساعة باهظة الثمن سرقها ـ رغم أنه كان يحمل مسدسًا في ذلك الوقت. ومع ذلك، يُحسب له أنه لم يتخذ أي خطوة ضد أولئك الذين يحتجزونه أو يقاتلونهم؛ كان داخل شقته مجوهرات وفراء وترسانة من الأسلحة وجميع أدوات السطو الخاصة به.

تلقى عشر سنوات لجريمته. كان ذلك في فبراير من عام 1946، وكان مالكولم إكس قد بلغ للتو الحادية والعشرين من عمره. حتى مع الأخذ في الاعتبار أي مظالم قانونية نظامية في ذلك الوقت، كان مالكولم إكس مذنبًا؛ لقد استحق عقوبته في السجن.

ومن يدري من كان سيجرح أو يقتل لو واصل مساره الإجرامي؟

كلما أدت أفعالك إلى الحكم عليك بالسجن لفترة طويلة ـ سواء من خلال المحاكمة والإدانة ـ فقد حدث خطأ فادح. لم تخذل نفسك فحسب، بل خذلت المجتمع أيضًا، كما كانت حالة مالكولم.

لقد أمضى ما يقرب من 10 سنوات خلف القضبان. والآن كان هناك، مجرد رقم آخر ليس له مكان آخر ليكون فيه.

صاغ روبرت جرين (الذي أصبحت كتبه فيما بعد محظورة في العديد من السجون الفيدرالية) هذا المصطلح: سيناريو "الزمن الحي أو الزمن الميت". كيف ستتكشف هذه السنوات السبع وماذا سيفعل مالكولم بها؟ ويؤكد جرين أن الحياة تتكون من شكلين من الزمن: الوقت الميت ـ عندما ينتظر الناس بشكل سلبي ـ والوقت الحي، والذي يتضمن التعلم والتصرف والاستفادة من كل ثانية متاحة لنا. كل فشل، كل ظرف لا نتحمل مسؤولية اختياره أو التحكم فيه يقدم لنا فرصة إما لوقت حي أو وقت ميت لدخول حياتنا.

ماذا سيكون؟
اختار مالكولم الوقت المناسب. بدأ في التعلم واستكشاف الدين وتعليم نفسه كيفية القراءة عن طريق استعارة قلم رصاص وقاموس من مكتبة السجن، ولم يقتصر الأمر على القراءة من الغلاف إلى الغلاف فحسب، بل

كان ينسخ كل كلمة جديدة من البداية إلى النهاية أثناء نسخها يدويًا. بخط طويل من الصفحة الأولى إلى الغلاف الثاني. الكلمات التي لم تكن موجودة من قبل دخلت دماغه فجأة!

وروى لاحقًا: "منذ ذلك الحين وحتى مغادرتي ذلك السجن، كنت أقضي كل لحظة فراغ أقضيها في القراءة ـ سواء في المكتبة أو في سريري. قرأت التاريخ وعلم الاجتماع والدين والأعمال الكلاسيكية لفلاسفة مثل كانط وسبينوزا". عندما سأله أحد المراسلين عن جامعته الأم، كان رده ببساطة: الكتب ـ أصبح السجن كليته حيث تجاوز الحبس من خلال قراءة الصفحات التي فتحت له عوالم جديدة ـ مرت أشهر دون أن يفكر حتى في احتجازه ضد إرادته و"لم يحدث من قبل" لقد شعر حقًا بالحرية في حياته".

إن أغلب الناس يعرفون ما فعله مالكولم إكس بعد خروجه من السجن، ولكن قِلة منهم يدركون كيف تمكن السجن ذاته من تحقيق هذا التحول ـ وكيف لعبت ثقافة القبول والتواضع والقوة دورها. علاوة على ذلك، قليلون يدركون أن مثل هذه القصص تكثر عبر التاريخ: شخصيات أخذت في الاعتبار ظروفًا تبدو قاسية مثل أحكام السجن، والنفي، والأسواق الهابطة، والكساد، والتجنيد العسكري، وحتى معسكرات الاعتقال، كوقود للعظمة من خلال تغيير نهجها أو نهجها تجاههم من خلال الموقف أو أساليب أخرى.

قام فرانسيس سكوت كي بتأليف ما أصبح فيما بعد النشيد الوطني الأمريكي بينما كان أسيراً على متن سفينة خلال عملية تبادل خلال حرب عام 1812. قام فيكتور فرانكل، أثناء محنته في ثلاثة معسكرات اعتقال نازية، بتحسين نظرياته حول المعنى والمعاناة.

ومع ذلك، لا يعني ذلك أن هذه الفرص تطرح نفسها دائمًا في مثل هذه الظروف الصعبة. وجد المؤلف إيان فليمنج الإلهام أثناء استراحته في السرير، وبناءً على أوامر الطبيب، مُنع من الكتابة (كانوا يخشون أن يدفعه يدويًا بدلاً من ذلك. اتخذ Chitty Chitty Bang Bang ذلك إلى كتابة رواية بوند أخرى)، عن طريق إنشاء والت ديزني قراره بأن يصبح رسام كاريكاتير بينما كان يعاني من سقوط خطير تسبب في كسر في الكاحل بالتأكيد، في تلك اللحظة سيكون من الأسهل أن تشعر بالغضب والحزن والاكتئاب؛ ولكن هذا النهج لن يؤدي إلا إلى إيجاد حلول قصيرة النظر. عندما يتعرض شخص ما للظلم أو القدر المتقلب، فإن الرد الشائع هو المقاومة من خلال الرد أو الصراخ "أنا لا أحب هذا؛ أريد ـــــــــ بدلاً من ذلك!". ولسوء الحظ فإن هذا النهج لا ينتج حلولاً طويلة المدى بل حلولاً قصيرة المدى.

فكر في المشكلات والمشكلات النظامية التي كانت على عاتقك والتي أجلت معالجتها، أو أي مخاوف تبدو صعبة للغاية بحيث لا يمكن معالجتها. يصبح الوقت الميت مثمرًا عندما نستخدمه كفرصة للقيام بما يجب القيام به.

وفقًا للاعتقاد الشائع، هذه اللحظة لا تحدد من أنت؛ ولكن كيف ستستخدمه؟

كان من الممكن أن يستمر مالكولم في عيش حياته التي قادته إلى السجن. الوقت الميت لا يعني دائمًا اللامبالاة أو الكسل؛ كان من الممكن أن يستغل مالكولم تلك السنوات في تحويل نفسه إلى مجرم أفضل، أو تنمية الاتصالات أو التخطيط لنتيجة أخرى بينما لا يزال يعتبر وقتًا ميتًا؛ ربما كان الأمر يستحق العناء بينما يقتل نفسه ببطء.

لاحظ روبرت جرين أن السجون أنتجت بعض المفكرين الجادين. أحد هؤلاء هو روبرت جرين نفسه. لكن لسوء الحظ، أنتجت السجون ـ سواء بالمعنى الحرفي أو المجازي ـ عددًا أكبر بكثير من المنحطين

والخاسرين وغير المؤدين؛ على الرغم من أنه ربما لم يكن لدى السجناء ما يفعلونه أفضل من التفكير، إلا أن ما كانوا يميلون إلى تركيز تفكيرهم عليه جعلهم أسوأ وليس أفضل.

هذا هو بالضبط ما يفعله الكثير منا عندما نفشل أو نجد أنفسنا في ورطة. فبدلاً من التفكير في سبب حدوث ذلك في المقام الأول، يتم إعادة استثمار طاقتنا في تكرار أنماط السلوك التي قادتنا إلى هذا الطريق في المقام الأول.

في بعض الأحيان قد نتراجع إلى أحلام اليقظة أو نخطط للانتقام. في بعض الأحيان نتجنب اعتبار أن اختياراتنا تعكس هويتنا الحقيقية؛ وبدلاً من ذلك نفضل أن نفعل أي شيء غير ذلك.

ولكن لنفترض بدلاً من ذلك أننا فكرنا: هذه فرصة بالنسبة لي، وأخطط لاستخدامها لأغراضي بدلاً من ترك هذا الوقت الميت؟

الآن نحن نعيش مرة أخرى؛ لقد ولت تلك الأيام التي كنا نسيطر فيها على الأنا. من يعلم أين أخذتك الحياة؛ إنأمل ألا يكون السجن

على الرغم من أنك قد تشعر بأنك عالق، إلا أن أي شيء يمكن أن يتغير. ربما يكون ذلك بمثابة فصل دراسي في المدرسة الثانوية؛ ربما أنت في الانتظار؛ ولعل هذا الفراق التجريبي؛ ربما صنع العصائر مع توفير المال أو انتظار انتهاء العقد أو فترة الخدمة؛ ربما حدث هذا الموقف بالكامل بسببك أو قد يكون مجرد سوء الحظ.

غالبًا ما تتركنا الحياة محاصرين بالوقت الميت؛ وجودها خارج عن سيطرتنا؛ ولكن كيف نستخدمها هي كما قال بوكر تي واشنطن ذات مرة: "ألق دلوك حيث أنت واستخدم الموارد المتاحة لك بدلاً darui بالتأكيد. من جعل الأمور أسوأ بالعناد.

الفصل 26: تركيز الرجل النشط هو على فعل الصواب

يجب أن يكون الاهتمام الأساسي للفرد النشط هو فعل ما هو صحيح؛ ما إذا كان هذا سيحدث في نهاية المطاف لا ينبغي أن يثير قلقه.

كان جوته بيليساريوس واحدًا من أعظم الجنرالات العسكريين غير المعروفين في التاريخ. وبمرور الوقت، ـ أصبح اسمه غامضًا ومفقودًا لدرجة أنه لا أحد يعلم بوجوده.

يستحق الجنرال مارشال المزيد من الفضل لأنه تم تكريمه بخطة سُميت على شرفه، مثل خطة مارشال.

أنقذ بيليساريوس الحضارة الغربية ثلاث مرات خلال حكم الإمبراطور البيزنطي جستنيان عندما انهارت روما وانتقل مقر الإمبراطورية من روما إلى القسطنطينية. ومع تعثر المسيحية خلال تلك الفترة، برز كمنارة.

حقق بيليساريوس انتصارات مذهلة في دارا وقرطاج ونابولي وصقلية والقسطنطينية ـ حتى ضد حشود تصل إلى عشرات الآلاف ـ مع حفنة من الحراس الشخصيين فقط ضد هذه الأعداد حيث أصبحت الانتفاضة عنيفة بدرجة كافية لدرجة أن الإمبراطور فكر في التنازل عن العرش! استعادة الأراضي المفقودة التي تعاني من نقص الأفراد ونقص الموارد؛ استعادة روما والدفاع عنها لأول مرة منذ أن اجتاحها البرابرة قبل أن يصلوا إلى الأربعين! كل هذا حدث قبل عيد ميلاده الأربعين!

شكره؟ ليست انتصارات علنية وبدلاً من ذلك، وضعه جستنيان موضع الشك في مناسبات عديدة، مما أدى إلى إلغاء العديد من انتصارات وتضحيات بيليساريوس من خلال المعاهدات الحمقاء والاتفاقيات سيئة النية. حتى أن جستنيان استخدم بروكوبيوس ضد بيليساريوس لتشويه سمعته ـ وتخلى لاحقًا عن الأمر ليعطي فقط لقبًا مهينًا كقائد للإسطبل الملكي (وهو الأمر الذي أدى لاحقًا إلى إصابة بيليساريوس بالعمى وإجباره على التسول في الشوارع من أجل البقاء!). في نهايتها، بلا شك، سيصاب بيليساريوس بالعمى؛ ويذكر مصدر آخر أنه في نهايته حدث العمى قبل قطع الرأس في النهاية والعمى والإجبار على التسول من أجل البقاء! لقد تحسر المؤرخون والعلماء والفنانون لعدة قرون وناقشوا هذه المعاملة لهذا الشخص العظيم والمتميز. ومن المبرر أن يشعروا بالغضب مما يعتبره الكثيرون جحودًا وقسوة وظلمًا تجاهه.

لا أحد يشكو أبدًا من أي شيء يحدث أثناء حياته أو في نهايتها، لا في ذلك الوقت ولا في وقت لاحق؛ ولا في الرسائل الخاصة. لا أحد يتكلم إلا بيليساريوس نفسه!

ومن المفارقات أن بيليساريوس ربما أتيحت له فرص عديدة للاستيلاء على السلطة لكنه لم يفكر مطلقًا في القيام بذلك. في حين وقع جستنيان فريسة لجميع الرذائل المرتبطة بالسلطة المطلقة ـ السيطرة، وجنون العظمة، والأنانية والجشع ـ فإننا بالكاد نكتشف هذه السمات في بيليساريوس.

كان يعتقد أنه كان يقوم فقط بعمله ـ وهو عمل اعتبره واجبًا مقدسًا ـ حسنًا، وكان ذلك كافيًا.

سترمينا الحياة في بعض الأحيان بمنحنى: عندما تفشل أفضل جهودنا وتؤدي إلى الفشل أو عدم الاحترام أو الغيرة أو ببساطة تجاهل الجميع من حولنا.

اعتمادا على ما يحفزنا، قد يكون رد الفعل مخيبا للآمال للغاية. عندما تترسخ غرورنا، لن يكفي أقل من الثناء الكامل.

الموقف خطير لأنه عندما يعمل شخص ما في مشروع ـ سواء كان كتابًا أو عملاً أو غير ذلك ـ في مرحلة ما، يترك إبداعه أيديه ويصبح جزءًا من المجتمع، ويخضع للحكم والاستقبال والأفعال من قبل أشخاص آخرين؛ لم تعد تحت سيطرته المباشرة ولكنها تعتمد عليها من أجل بقائها.

كان لدى بيليساريوس القدرة على الفوز في معاركه، وقيادة جنوده، وتحديد أخلاقياته الشخصية ـ لكنه لم يتمكن أبدًا من التحكم حقًا فيما إذا كان عمله موضع تقدير أو يثير الشك أم لا، ولم يكن هناك أي شيء يمكنه فعله إذا استغل ديكتاتور مهيب هذا الأمر. وعاملته بقسوة.

وهذا الواقع ينطبق على الحياة بجميع أنواعها. ما جعل بيليساريوس بارزًا هو قبوله لهذه الصفقة: فعل الشيء الصحيح يعني كل شيء؛ خدمة بلاده، وكان الله والواجب بإخلاص أهدافه الوحيدة ـ يمكن التسامح مع أي مشقة وتعتبر المكافآت مكافآت إضافية.

وكان ذلك مهمًا لأنه، على عكسنا، كانت جهوده في كثير من الأحيان دون مكافأة بل وحتى عوقب عليها. على الرغم من أن هذا قد يكون مزعجًا في البداية، إلا أنه يمكننا أن نفهم شعور السخط الذي قد نشعر به إذا حدث هذا لنا أو لشخص نعرفه. ولكن هل كان هناك خيار آخر متاح له أم أنه كان عليه أن يفعل الشيء الخطأ بدلاً من ذلك؟

كأفراد نسعى لتحقيق أهدافنا الفردية، نواجه جميعًا صعوبات مماثلة:

هل سنجتهد من أجل شيء قد يفلت من أيدينا؟ هل يمكننا بذل الجهد حتى لو لم يكن هناك ضمان للنتائج؟ مع وجود الدوافع المناسبة، يكون معظمهم على استعداد للمضي قدمًا، بينما عندما يتصرفون بفخر فإنهم لن يفعلوا ذلك.

كبشر، ليس لدينا سوى سيطرة محدودة على كيفية استجابة الناس لعملنا وجهودنا؛ إن مصادقة الآخرين وتقديرهم ومكافأتهم قد تكون أو لا ترد بالمثل على لطفنا وعملنا الجاد وجهودنا في إنشاء المنتج. إذن ما الذي يفترض بنا أن نفعله: أن نكون طيبين ولكن لا نبذل أي جهد لأنه قد لا يكون هناك تبادل؟ لا تفقد الأمل بعد ـ حاول أن تكون لطيفًا على أي حال وأن تعمل بجد لأنه قد لا يكون هناك تبادل. تعال.

خذ بعين الاعتبار جميع الناشطين والقادة والمخترعين الذين لا يعترف المجتمع بمساهماتهم كمقاييس رئيسية؛ لا يمكن للناشطين أن يفعلوا الكثير، فقد يتم اغتيال القادة قبل الأوان والأفكار التي لم تظهر بعد "سابقة لعصرها". ومع ذلك، وفقًا لهذه المقاييس، لم يتم تعويض هؤلاء الأشخاص أبدًا مقابل عملهم، فلماذا تكلفوا أنفسهم عناء القيام بذلك في المقام الأول؟ ألا ينبغي أن يذهب عملهم إلى مكان آخر بدلاً من ذلك؟

لقد كان لدى كل واحد منا أفكار للقيام بذلك في مرحلة أو أخرى.

كيف سيساعدك ذلك على تحمل الأوقات الصعبة؟ ماذا لو وجدت نفسك متقدمًا على العصر أو أن السوق يفضل بعض الاتجاهات المجنونة التي لا يفهمها أحد؟ ما الذي سيفكر به رئيسك أو عملاؤك إذا حاولت شرح الأمور؟

القيام بعمل جيد يجب أن يكون كافيا. بمعنى آخر، لا ينبغي لنا أن نتعلق بالنتائج؛ إن تحقيق معاييرنا الخاصة يجلب الفخر واحترام الذات؛ وينبغي أن يكون الجهد في حد ذاته كافيا.

الأنا تحتاج إلى الاعتراف والتعويض. ومع ذلك، لسوء الحظ، عندما يحدث ذلك، فإنه غالبًا ما يخلق مشاكل لأننا نتوقع أن الثناء والدفع سيسيران دائمًا جنبًا إلى جنب، وهذا غالبًا ما يؤدي إلى "مخلفات التوقعات".

كان للإسكندر الأكبر لقاء غير متوقع مع ديوجين، الفيلسوف الساخر الشهير. ويُزعم أن الإسكندر اقترب من ديوجين بينما كان مستلقيًا يستمتع بنسيم الصيف وسأله عما يمكن أن تفعله لهذا الرجل الفقير نسبيًا ـ وربما أي شيء! ربما كان ديوجين بحاجة إلى شيء آخر أو ببساطة أراد ذكر اسمه كأحد إنجازات الإسكندر العديدة. "توقف عن حجب شمسي." وحتى بعد مرور ألفي عام يمكننا أن نشعر بالمكان الذي ضرب الإسكندر في ضفيرته الشمسية؛ كما لاحظ روبرت لويس ستيفنسون لاحقًا عن هذا اللقاء: «إنه أمر محبط بشكل مؤلم أن تعمل من خلال المصاعب فقط لكي تتجاهل الإنسانية جهودك».

حسنا، كن مستعدا. سوف تحدث. ربما لن يقدر والديك ما تفعله؛ ربما صديقتك لن تهتم؛ ربما لن يرى المستثمر أرقامك؛ ربما لن يصفق الجمهور؛ ومع ذلك، يجب علينا جميعًا أن نجد طرقًا للمضي قدمًا؛ ولا يمكننا أن نسمح لهذا الفشل أن يحبط عزيمتنا.
حظي بيليساريوس بفرصة أخيرة لإنقاذ الإمبراطورية عندما ثبت براءته واستعاد أوسمته؛ في الوقت المناسب ليصبح منقذها في سن متقدمة.

لكن الحياة لا تسير على هذا النحو: فقد اشتبه خطأ في التآمر ضد الإمبراطور مرارًا وتكرارًا. كتب لونجفيلو قصيدة شهيرة عن جنرالنا الفقير في نهاية حياته عندما كان فقيرًا ومعاقًا ومع ذلك لا يزال قادرًا على الانتهاء بملاحظة متفائلة:

ما زلت آمل أن نتمكن من إدارة الأمر. وهذا أيضًا يمكن أن يتحمله؛ ـما زلت متفائلًا.

هل أنا بيليساريوس! جهودك لن تكون موضع تقدير. ستكون هناك انتكاسات غير متوقعة. لن تتحقق توقعاتك؛ وفي النهاية، سوف تخسر وتفشل.

نصح جون وودن لاعبيه، بما فيهم هو نفسه، بتغيير تعريفهم للنجاح: تغييره إلى "راحة البال، التي تأتي من معرفة أنك حاولت جاهداً أن تصبح فردًا عظيمًا قدر الإمكان." وكان ماركوس أوريليوس يذكر نفسه بأن الطموح يربط السعادة بالأحداث الخارجية؛ في حين أن العقل يعني تحمل المسؤولية عن أفعالك.

قم بعملك وقم به بشكل جيد. بمجرد اكتمال ذلك، استسلم ببساطة واسمح لله أن يعمل سحره؛ هذا هو كل ما إيجب أن يكون هناك

التقدير والمكافآت هي مجرد مكافآت؛ وأي رفض يحدث يجب ألا يقع علينا كأفراد.

تم رفض العمل التاريخي لجون كينيدي تول "كونفدرالية الأغبياء" في البداية من قبل جميع الناشرين، الأمر الذي دمره بشدة لدرجة أنه انتحر على طريق فارغ بالقرب من بيلوكسي، ميسيسيبي. ومع ذلك، بعد هذا الحدث، اكتشفت والدته الكتاب ودافعت عنه للنشر حتى فازت في النهاية بجائزة بوليتزر.

فكر للحظة في ذلك ـ لم يتغير شيء بين تلك التقديمات؛ كان كتاب تول رائعًا في شكل مخطوطة كما هو الحال عند نشره وبيع نسخ منه للفوز بالجوائز. ولو أنه أدرك ذلك مبكراً، لربما أنقذه الكثير من وجع القلب؛ لسوء الحظ، إنها شهادة على الحياة التي نرى فيها مدى فترات الراحة التعسفية.

لا ينبغي للقوى الخارجية أبدًا أن تملي ما إذا كان الشيء يستحق وقتنا أم لا؛ هذا القرار يقع على عاتقنا وحدنا عالمنا لا يهتم بما يريده البشر أو يحتاجون إليه ـ إذا واصلنا الرغبة والحاجة، عندها فقط نعرض أنفسنا لخيبة الأمل أو ما هو أسوأ.

وينبغي أن يكون القيام بالعمل وحده كافيا.

الفصل 27: لحظات نادي القتال

الحقيقة لها قوة لا يمكن كبتها. عندما تُترك مدفونة، يمكن أن تجمع قوة متفجرة ستظهر يومًا ما لتسبب الفوضى في أعقابها.

لا يوجد مجال في هذا الفضاء لإدراج جميع الأشخاص الناجحين الذين وصلوا إلى ذروة النجاح، ومع ذلك فإن كل لحظة في حياة المرء يمكن أن تجلب تحولًا عميقًا وتجربة تغير حياته.

رغم كليشيهاتها، إلا أن ذلك لا ينفي صحتها.

تجد جي كي رولينج نفسها، بعد سبع سنوات من تخرجها من الجامعة، في مواجهة زواج فاشل، وانعدام فرص العمل، وصعوبات في رعاية الأطفال تهدد بالتشرد. اعتقد المراهق تشارلي باركر أنه كان يهزها على خشبة المسرح حتى ألقى جو جونز الصنج عليه وطرده من المسرح في إذلال. وجد ليندون جونسون نفسه يتعرض للضرب المبرح على فتاة من قبل صبي مزارع في هيل كانتري. تحطيم صورته كـ "ملك المشي".

هناك طرق مختلفة للعثور على نفسك في الحضيض. معظم الناس يفعلون ذلك في النهاية.

يصف نادي القتال تدمير شقة جاك في انفجار دمر جميع ممتلكاته، بما في ذلك "كل قطعة أثاث" التي كان يرغب فيها بشدة. اتضح لاحقًا أن جاك هو من دبر هذا الانفجار بنفسه. دعت شخصيات متعددة داخل نفسه "تايلر دوردن" للتخطيط لذلك من أجل إيقاظ جاك من ذهوله الحزين وإلهام العمل ضد آثاره ؛ يقوده في النهاية إلى طريق غير متوقع ومظلم في الحياة.

أو "النزول". عندما تُجبر كثيرًا katabasis - ما تواجه شخصيات الأساطير اليونانية ما يُعرف باسم الشخصيات على التراجع أو الاكتئاب، أو حتى السقوط جسديًا في الهاوية نفسها، فقد تظهر الشخصيات بمعرفة وفهم أكبر مما كانت عليه قبل خوض هذه التجربة.

اليوم يمكن أن نشير إلى هذا الوضع بالجحيم - وكثيرون منا يجدون أنفسهم يقضون بعض الوقت هناك من وقت لآخر.
كبشر، نميل إلى إحاطة أنفسنا بالمشتتات والأكاذيب حول ما يجلب السعادة وما هو مهم في حياتنا. مع مرور الوقت، نصبح أشخاصًا لا ينبغي لنا أن نصبح وننخرط في سلوكيات مدمرة وفظيعة تصلب إلى حالات متصلبة مشتقة من الأنا والتي تصبح شبه دائمة حتى تجبرنا الكاتاباسيس على مواجهتها وجهاً لوجه.

دوريس دورا فرانجور. الأشياء الصعبة تُكسر بالأشياء الصعبة.

كلما زاد غرورك، كلما انخفض.

سيكون أمرًا رائعًا لو لم يكن من الضروري أن يكون الأمر على هذا النحو: لو أمكن توجيهنا بسهولة نحو تصحيح طرقنا بتشجيع لطيف من الأصدقاء أو الموجهين؛ لو كان مجرد التذكير الهادئ كافياً لتبديد الأوهام؛ أو إذا كان من الممكن أن يحدث التحايل على الأنا دون مساعدة خارجية. لسوء الحظ لا، كما لاحظ القس ويليام أ. ساتون قبل حوالي 120 عامًا: لا يمكننا أن نصبح متواضعين دون أن نختبر الإذلال بشكل مباشر؛ كم

سيكون الأمر أفضل بكثير بدون مثل هذه التجارب، لكنها في بعض الأحيان تكون ضرورية لجعل المكفوفين يبصرون.

غالبًا ما تنشأ تغييرات كبيرة في حياتنا من اللحظات التي ننقلب فيها تمامًا، عندما يصبح كل ما كنا نظن أننا نعرفه عن العالم خاطئًا تمامًا. يمكن تسمية هذه اللحظات بـ "لحظات نادي القتال". في بعض الأحيان يتم إحداثها بأنفسنا، وفي أحيان أخرى يفعلها شخص آخر بنا ـ وفي كلتا الحالتين تكون بمثابة محفزات للتغييرات التي كنا مترددين في القيام بها في السابق.

اختر حدثًا في حياتك ـ أو ربما حدثًا تعيشه حاليًا): انتقادات ساخرة من رئيسك أمام جميع الموظفين؛ الجلوس الذي سلمك مقالًا كنت تأمل ألا تتم كتابته؛ مكالمة غير متوقعة من دائنك Google مع شخص تهتم به؛ تنبيه تتضمن أخبارًا أصابتك بالذهول وعدم القدرة على الكلام

في مثل هذه اللحظات ـ عندما يكشف الكسر شيئًا كنت قد أغفلته سابقًا ـ أجبرك على مواجهة شيء اسمه الحقيقة، ولم يعد بإمكانك الاختباء من نظره أو التظاهر بغير ذلك.

إن حدثًا من هذا النوع يثير عدة أسئلة: كيف أفهم هذا الموقف؟ وكيف يجب أن أرد؟

هل خطواتي للأمام أم للأعلى؟ هل وصلت إلى النهاية أم لا يزال هناك المزيد في المستقبل؟

شخص ما حدد مشاكلي. والآن كيف يمكنني مخاطبتها وفهم سبب حدوث ذلك؟

كيف لا يتكرر هذا؟

يبين لنا التاريخ أن هذه الأحداث يبدو أنها تشترك في ثلاث خصائص.

1. كانت هذه الوفيات عمومًا نتيجة لقوى خارجية أو أشخاص خارجيين.

2. لقد كشفوا في كثير من الأحيان عن أشياء كنا نعرفها بالفعل عن أنفسنا ولكننا لم نكن شجعانًا بما يكفي للاعتراف بها.

3. يمكن أن تأتي من الخراب فرصة لتحقيق تقدم وتحسن كبيرين، ولكن لا يستفيد الجميع بشكل كامل من هذه الإمكانية. غالبًا ما تتسبب الأنا في تعطلنا أولًا قبل إعاقة أي محاولات لاحقة لتحسين أنفسنا.

ألم تكن الأزمة المالية لعام 2008 بمثابة لحظة لفتت انتباه العديد من الناس؟ أصبحت قضايا المساءلة وأنماط الحياة المفرطة في الاستدانة والممارسات الجشعة والممارسات غير النزيهة واضحة بشكل مؤلم. استجاب البعض جيدًا بينما عاد البعض الآخر إلى حيث بدأوا أو ما هو أسوأ من ذلك؛ والأزمات المستقبلية لن تؤدي إلا إلى تفاقم الأمور بالنسبة لهم.

لقد عانى همنغواي نفسه من نقاط ضعف عميقة عندما كان شابًا بالغًا. من هذه الأحداث جاءت الحكمة الخالدة التي ستظهر لاحقًا في وداعًا للسلاح: "العالم يكسر الجميع، ومع ذلك يخرج الكثيرون أقوى في أماكنه المكسورة؛ ولكن رفض الانكسار يمكن أن يؤدي إلى الموت.

يمكن للعالم أن يقدم لك الأدلة، لكن لا أحد يستطيع أن يجبرك على قبولها. تركز معظم المجموعات المكونة من 12 خطوة على قمع الأنا.

قم بإزالة الاستحقاقات والأمتعة والحطام حتى تتمكن من معرفة من أنت حقًا.

قد يكون الإنكار أمرًا مغريًا عند مواجهة معلومات صعبة؛ غالبًا ما ترفض غرورك تصديق ما لا يناسبها وترفض احتمالية أن يكون الشيء الذي لا تحبه صحيحًا.

كثيرا ما يشير علماء النفس إلى المخاطر التي تشكلها الأنانية المهددة: من أعضاء العصابات الذين يتم التشكيك في "شرفهم" إلى النرجسيين المرفوضين وإجبار المتنمرين على الشعور بالخجل؛ المحتال الذين يتعرضون؛ لم تعد القصص المسروقة أو المزخرفة متوافقة بعد الآن ـ أي من هذه المواقف يمكن أن يكون مدمرًا بشكل كارثي.

هؤلاء ليسوا أشخاصًا يجب أن تضع نفسك بالقرب منهم عندما يشعرون بأنهم محاصرون، ولا هم موقف تريد أن تضع نفسك فيه. بدلاً من ذلك، يطرح السؤال "كيف يمكن لهؤلاء الأشخاص أن يعاملوني بهذه الطريقة؟ من يعتقدون أنهم؟" وتظهر الرغبة "اجعلهم يدفعون".

في بعض الأحيان، عندما لا نستطيع تحمل ما يقال أو يُفعل بنا، تصبح ردودنا متطرفة وضارة بشكل خطير: التصعيد. هذه هي الأنا النقية والسامة في العمل.

خذ بعين الاعتبار لانس ارمسترونج. مثل كثيرين، ارتكب أعمال الغش. ولكن عندما تم الإعلان عن هذا السلوك وفرضه عليه كواقع، سرعان ما تدهورت الأمور. فبدلاً من الاعتراف بأخطائه رغم كل الأدلة، أصر على إنكارها وتسبب في ضرر لا يمكن إصلاحه لحياة الآخرين التي لمسها ـ مجرد مثال صغير على خوفنا الجماعي من فقدان احترامنا أو احترام الآخرين الذي يمكن أن يدفعنا إلى التفكير في القيام بأي شيء لتجنبه. فقدان الاحترام ـ لدرجة أنه حتى مجرد التفكير في مثل هذه التصرفات يمكن أن يسبب مثل هذا القلق الذي يدفعنا إلى ارتكاب أفعال فظيعة ـ

يقول يوحنا 3: 20، "أولئك الذين يرتكبون الخطايا غالباً ما يتجنبون النور لئلا تُعرف أعمالهم"، وهذا ينطبق على جميع المجالات ـ من المنظمات الكبيرة إلى الأفعال الخاطئة الفردية.
لا أحد يعرف على وجه اليقين متى سيحدث الحساب أو إلى متى قد يستمر." إن تجنب مواجهة الواقع وحقيقته القاسية هو تجنب نوره. عندما يخرج شيء سيء أو مدمر إلى دائرة الضوء، فقد تشعر بعدم الارتياح، لكن الابتعاد عنه لا يؤدي إلا إلى تأخير الحساب أكثر ـ لا أحد يعرف متى.

يبدأ التغيير بالاستماع والاستماع إلى ما يقوله الأشخاص من حولك؛ حتى لو كانت هذه التعليقات قاسية أو مزعجة. إن سماع النقد يعني تقييم كل شيء بعناية قبل التخلص من أي شيء لا يهم والتفكير في كل ما يهم.

هذا المشهد بشكل مثالي: يجب على إحدى الشخصيات إشعال النار في شقتها الخاصة Fight Club يصور للتحرر، استجابة لتوقعاتنا ومبالغاتنا وافتقارنا إلى ضبط النفس، مما يجعل مثل هذه اللحظات حتمية ـ ومؤلمة ـ بالنسبة له ولنفسه. لقد وصلت الآن، ماذا يجب أن تفعل بها؟ فإما التغيير ممكن، أو ببساطة إنكاره

قال فينس لومباردي ذات مرة عن الفرق هذا أيضًا: "لكي تنهض أي مجموعة مرة أخرى، يجب عليها أولاً أن تصل إلى أدنى نقطة لها". قد يكون الضرب بالقاع مؤلمًا ومرهقًا عاطفيًا؛ ومع ذلك، فإن ما يأتي بعد ذلك هو واحد من أكثر وجهات النظر فائدة على الإطلاق ـ وهو ما وصفه الرئيس أوباما عندما اقترب من نهاية فترة رئاسته المضطربة.

"إن تجربة الحياة من داخل برميل ينهار في شلالات نياجرا والخروج حيًا كان شعورًا متحررًا!"

إذا استطعنا مساعدتها، فسيكون من المثالي ألا نختبر الأوهام على الإطلاق؛ وهذا من شأنه أن يضمن أننا لن نحتاج أبدًا إلى الركوع أو تجاوز حافة الهاوية ـ وهو أمر قضى هذا الكتاب وقتًا طويلاً في مناقشته؛ وإلا فإننا نخاطر بأن ينتهي بنا الأمر هنا.

في نهاية الأمر كله، لتقدير التقدم الذي أحرزته بشكل كامل هو الوقوف على حافة الحفرة التي حفرتها لنفسك، والنظر إلى الأسفل فيها، والابتسام باعتزاز عند رؤية آثار مخالب ملطخة بالدماء تشير إلى رحلتك فوق جدرانها.

الفصل 28: رسم الخط

.لن تدمر العلاقة الغرامية حياتك إلا إذا دمرت شخصيتك

قاد جون ديلوريان شركة السيارات الخاصة به إلى أسفل من خلال مزيج من الإنجاز الزائد والإهمال والنرجسية والجشع وسوء الإدارة. ولكن بعد أن بدأت الأخبار السيئة تتكشف عن أفعالهم السيئة، وبعد أن أصبحت الصورة كاملة واضحة لجميع الأطراف المعنية، ما هي خياراتنا الآن؟

فكر مرة أخرى في كيفية استجابته ـ هل كانت ردوده قبولًا مستسلمًا، واعترافًا بالأخطاء التي كان موظفوه الساخطون ينفسون عنها الآن وفرصة للتفكير؟ وكانت جميعها عناصر حاسمة للإدارة الفعالة ـ فقد تسببت الأخطاء في حدوث مشاكل للمستثمرين والموظفين على حد سواء.

ليس تماما. وبدلاً من ذلك، قام بتنفيذ أحداث من شأنها أن تؤدي إلى صفقة مخدرات بقيمة 60 مليون دولار واعتقاله لاحقًا. عندما بدأت شركته في التعثر بسبب أسلوبه الإداري غير الكفء، أدرك أن الطريقة الوحيدة التي يمكنه من خلالها إنقاذ كل شيء هي عن طريق التمويل من شحن 220 رطلاً من الكوكايين بشكل غير قانوني.

بالتأكيد، بعد اعتقاله العلني والمحرج، تمت تبرئة ديلوريان في نهاية المطاف من جميع التهم من خلال "الفخ"، على الرغم من أن مقطع الفيديو يظهره وهو يمسك بكيس الكوكايين وهو يصرخ بسعادة "هذه الأشياء جيدة مثل الذهب!"

.يمكن ربط وفاة جون ديلوريان مباشرة بفرد واحد

.ليس هناك من ينكر من تسبب في مثل هذا الخراب. هذا الجواب يقع عليه وحده

.وما أن وجد نفسه في حفرة منيعة، واستمر في الحفر حتى وصل إلى الجحيم نفسه

لو أنه توقف، وسأل نفسه في أي لحظة: "هل أنا كما أريد أن أكون؟" يرتكب الناس الأخطاء طوال الوقت، فيبدأون أعمالًا يعتقدون أنهم قادرون على إدارتها، أو لديهم رؤى عظيمة يتبين أنها كبيرة جدًا وعظيمة بحيث لا يمكنهم تحقيقها. يرتكب الناس هذه الأخطاء كثيرًا لدرجة أن هذا يحدث هنا أيضًا.

كل هذا طبيعي تمامًا؛ تعتبر المخاطرة وارتكاب الأخطاء من السمات المميزة لكونك رائد أعمال أو مبدعًا أو مديرًا تنفيذيًا للأعمال. تزدهر صناعتنا لأن الناس يغتنمون الفرص ويتعلمون من الأخطاء.

المشكلة هي أننا عندما نعطي أهمية كبيرة للعمل كمصدر لهويتنا، فإن أي شكل من أشكال الفشل يمكن أن ينعكس بشكل سيء على هويتنا كأفراد. يمكن أن يُنظر إلى الفشل على أنه شيء سلبي فينا، وبالتالي يصبح تحمل المسؤولية أو الاعتراف بالأخطاء أمرًا نخجل منه؛ ومن هنا تحدث مغالطة التكلفة الغارقة ويذهب المال الجيد والحياة الجيدة هباءً، مما يجعل كل شيء أسوأ من ذي قبل.

ماذا لو شعرت جدرانك كما لو أنها تغلق؟ قد يؤدي القيام بذلك إلى ظهور مشاعر مثل الخيانة والسرقة؛ ولا المشاعر الإيجابية والعقلانية يمكن أن تؤدي إلى أفعال عقلانية وإيجابية.

كثيرا ما تسأل الأنا نفسها لماذا يحدث هذا لها؛ وكيف يمكنهم منع المزيد من المشاكل من خلال إظهار أنهم رائعون كما يعتقد الجميع. تخبرهم غريزة الحيوان أن أي علامة ضعف قد تكون قاتلة للبقاء على قيد الحياة.

هل رأيت ما أعنيه؟ نقاتل بشدة من أجل شيء نجعله أسوأ.

لا، لن يؤدي ذلك إلى إنجازات عظيمة.

كان ستيف جوبز مسؤولاً بالكامل عن طرده من شركة أبل. نظرًا لنجاحه اللاحق، قد يبدو الأمر كقيادة سيئة ولكن في ذلك الوقت كانت غروره خارج نطاق السيطرة حقًا؛ لو كان جون سكولي هو الرئيس التنفيذي بدلاً من ذلك لكان قد طرد هذا الإصدار من ستيف جوبز أيضاً ـ وكان على حق في القيام بذلك.

بعد طرده من شركة أبل، اتخذ ستيف جوبز رد فعل مفهوما: بكى وقاتل. بعد أن خسر، باع جميع الأسهم باستثناء سهم واحد ووعد نفسه بعدم التفكير في الشركة مرة أخرى أبدًا؛ ولكن بعد ذلك بوقت قصير بدأ مشروعًا آخر وكرس حياته وطاقته من أجله. وحاول قدر الإمكان أن يتعلم من الأخطاء التي تسببت في فشله الأولى، فأسس شركة أخرى تسمى بيكسار بعد ذلك بوقت قصير. يُعرف ستيف جوبز بكونه رئيسًا تنفيذيًا مهووسًا بالغرور، وكان يوقف سيارته في الأماكن المخصصة لذوي الاحتياجات الخاصة من أجل المتعة فقط؛ ومع ذلك، خلال لحظة حاسمة من وفاته، أظهر تواضعًا مدهشًا من خلال العمل حتى لم يثبت نفسه مرة أخرى فحسب، بل عالج بشكل كبير العيوب التي تسببت في سقوطه في البداية.

في أوقات الفشل أو الصعوبات الكبيرة، نادرًا ما يتمكن الأشخاص الناجحون والأقوياء من التعافي من الفشل بهذه السرعة.

ويبرز دوف تشارني، مؤسس شركة أمريكان أباريل، كمثال. بعد تكبده خسائر بلغت حوالي 300 مليون دولار وفضائح مختلفة، عرضت عليه شركته خيارين لمعالجة مشاكلها المالية: التنحي عن منصب الرئيس التنفيذي مع البقاء كمستشار إبداعي براتب كبير أو يتم فصله ـ تم رفض كلا الخيارين لصالح شيء أسوأ بكثير.
بمجرد أن رفع دعوى قضائية احتجاجًا، راهن تشارني على ملكيته بالكامل في الشركة لبدء عملية استحواذ عدائية على صندوق تحوط وطالب بفحص سلوكه بدقة والحكم عليه ـ وهو أمر لم يكن كذلك. بدلاً من ذلك، ظهرت تفاصيل محرجة حول حياته الشخصية وتم نشر تفاصيل محرجة فيما يتعلق بتفاصيل محرجة مثل اختيار نفس المحامي الذي رفع دعوى قضائية ضد تشارني عدة مرات بالفعل كممثل قانوني له بسبب التحرش الجنسي والمخالفات المالية؛ شخص اتهمه تشارني في الماضي بالهز أو تقديم ادعاءات تافهة ؛ الآن إكلاهما يعملان معًا!

أكثر من 10 ملايين دولار للقتال. أصدر أحد القضاة أمرًا تقييديًا، American Apparel أنفقت شركة وتراجعت المبيعات وبدأوا في تسريح عمال المصانع والموظفين القدامى ـ وهم نفس الأشخاص الذين ادعى أنه يناضل من أجلهم ـ فقط حتى يتمكنوا من الاستمرار في العمل. في غضون عام واحد أعلنوا إفلاسهم ولم يعد لديهم المال للاستمرار. *

كان السيبياديس رجل دولة وجنرالًا سيئ السمعة في الحرب البيلوبونيسية. كان يقاتل أولاً من أجل وطنه أثينا، الذي كان حبه الأعظم لفترة طويلة. عندما تم طرده لارتكابه جريمة مخمور واضحة ـ ثم انشق إلى سبارتا

التي كانت العدو اللدود لأثينا ـ انشق مرة أخرى ـ هذه المرة إلى بلاد فارس التي كانت هي نفسها أعداء إكليهما. أخيرًا عاد إلى أثينا حيث قادهم طموحه لغزو صقلية إلى هذا الطريق نحو الخراب

يمكن للأنا أن تدمر أكثر ما نحبه في الحياة وتهدد بإسقاطنا معه

ربما كان ألكسندر هاميلتون أحد الآباء المؤسسين الذين لقيوا نهاية مأساوية بشكل خاص وكان من الممكن تجنبها، ومع ذلك ظل يقدم كلمات حكيمة حول هذا الموضوع. لو تذكرهم فقط قبل الدخول في مبارزة غير ضرورية! "تصرف بثبات وشرف"، كتب هاملتون إلى صديق مضطرب يعاني من صعوبات مالية وقانونية عميقة سببها هو: إذا لم يكن هناك أمل معقول في الخلاص، فتوقف عن الغرق بشكل أعمق ـ تحلى بالشجاعة لتخصيص الوقت لمزيد من السعي لتحقيق هدفك. المساعي والتوقف.

قف! لا ينبغي لهؤلاء الأشخاص أن يستسلموا دفعة واحدة؛ بل إن عدم قدرتهم على إدراك الوقت الذي حان فيه التقاعد كان ضرره أكبر من نفعه. أنت بحاجة إلى إلقاء نظرة على الصورة الأكبر.

من يستطيع التنافس عندما تتولى غروره السيطرة؟

تخيل أنك فشلت وكانت مسؤوليتك. يحدث القرف، في بعض الأحيان علنا. لا أحد يستمتع برؤية عملهم الشاق يتراجع بهذه الطريقة؛ لذا يبقى السؤال: هل ستزيد الأمور سوءًا أم ستجتاز هذه التجربة بكرامة وشخصية سليمة، ومستعدًا لخوض معركة أخرى غدًا؟
عندما يبدو من المرجح أن يخسر فريق ما مباراة ما، فإن مدربهم لا يصرخ عليهم ويوبخهم؛ بل إنه يذكرهم بمن هم وما هي قدراتهم، ويشجعهم على العودة إلى هناك وإظهار ذلك. دون القلق كثيرًا بشأن الفوز أو تحقيق المعجزات، تركز الفرق الجيدة على الأداء بأعلى معاييرها؛ مشاركة وقت اللعب بين جميع أعضاء الفريق بغض النظر عن معدلات المشاركة المنتظمة ـ وأحيانًا العودة من الخلف والفوز.

معظم المشاكل مؤقتة ما لم نجعلها كذلك. عادةً ما يحدث التعافي خطوة بخطوة ما لم يتضمن الحل الخاص بك المزيد من المرض.

يمكن أن تقودنا الأنا إلى الاعتقاد بأن الإحراج أو الفشل أسوأ مما هما عليه في الواقع، ومع ذلك فإن التاريخ مليء بأمثلة لأشخاص تحملوا الإهانات ولكنهم استمروا في عيش حياة ومهن ناجحة على الرغم من ذلك. غالبًا ما يعود السياسيون الذين عانوا من خسارة الانتخابات أو المناصب بسبب التصرفات الطائشة بعد مرور بعض الوقت للقيادة مرة أخرى بنجاح. الممثلون الذين فشلت أفلامهم، والمؤلفون الذين كافحوا مع حصار الكتاب، والمشاهير الذين ارتكبوا زلّات، والآباء الذين ارتكبوا أخطاء، ورجال الأعمال الذين لديهم شركات متعثرة، والمديرون التنفيذيون الذين طُردوا، والرياضيون الذين تم فصلهم، والأشخاص الذين يعيشون بشكل جيد للغاية في قمة السوق ... لقد شعر هؤلاء الأشخاص جميعًا بلسعة الفشل تمامًا كما شعرنا نحن. عندما لا تسير الأمور كما نريد، يكون لدينا خياران عند مواجهة الخسارة: إما أن نجعل الأمر موقفًا يخسر فيه الجميع أو نغير نهجنا بحيث تنتهي الخسائر بالفوز؟

ستنتهي الحياة يومًا ما؛ هذا أمر مؤكد. يجب على الأطباء تحديد وقت الوفاة في مرحلة ما. وهذا ببساطة جزء من مهنتهم.

الأنا تقنعنا بأننا لا نقهر؛ هذا الوهم يخلق المشاكل. عندما يواجهون الفشل والشدائد، غالبًا ما يكون رد فعلهم عن طريق كسر القواعد ـ المراهنة بكل شيء على مخطط محفوف بالمخاطر؛ أو اللجوء إلى التعاملات الخلفية أو الجهود الأخيرة على الرغم من أن هذا هو ما جعلهم يعانون من هذا الألم في المقام الأول.

في أي مرحلة من الحياة، قد نكون طموحين أو ناجحين أو فاشلين ـ غالبًا في وقت واحد ـ ولكن بالحكمة ندرك أن هذه الحالات مؤقتة ولا تحدد من أنت كشخص. عندما يفلت منك النجاح لأي سبب من الأسباب، فإن المفتاح ليس الإمساك به بقوة من حنجرته وسحقه؛ بل يجب العودة إلى مرحلة الطموح من خلال العودة إلى المبادئ الأولى وأفضل الممارسات.

قال سينيكا: "أولئك الذين يخشون الموت لن يفعلوا أبدًا أي شيء يستحق أن يعيشه الرجال"، لكن أولئك الذين يحاولون تجنب الفشل سيفعلون شيئًا جديرًا بالاهتمام على الرغم من ذلك الفشل لا يأتي إلا من خيانة المبادئ. إن التضحية بما عزيز عليك لمجرد أنه يؤلمك هو أمر أناني وحماقة؛ إذا كانت سمعتك لا تستطيع تحمل بعض النكسات، فربما لم تكن تستحق الحصول عليها في المقام الأول.

الفصل 29: حافظ على بطاقة الأداء الخاصة بك

أفضّل عدم النظر إلى الوراء إلا للتعرف على أخطاء الماضي؛ إن النظر إلى الوراء لا يمكن إلا أن يجلب الندم على الإنجازات الماضية التي يجب أن تفخر بتذكرها.

إليزابيث نويل نيومان--

في 16 أبريل 2000، اختار فريق نيو إنجلاند باتريوتس لاعب وسط إضافي من جامعة ميشيغان بعد عملية استكشاف واسعة النطاق. لقد أجروا فحوصات خلفية شاملة وخططوا لها بعناية.

لقد كانوا يراقبونه لبعض الوقت وعندما رأوا أنه لا يزال متاحًا قرروا التحرك.

كانت هذه هي الجولة السادسة والاختيار رقم 199 في مسودة هذا العام.

كان توم برادي اسمه.

بدأ برادي كسلسلة رابعة في عامه المبتدئ ولكن بحلول حملته الثانية أصبح هو البادئ وساعد نيو إنجلاند على الفوز بلقب Super Bowl في القيام بذلك كأفضل لاعب في تكريمه وتم العام، ذلك في.

تحت أي مقياس للعائد على الاستثمار، قد يكون اختيار توم برادي كلاعب وسط واحدًا من أعظم اختيارات المسودة على الإطلاق: أربع حلقات Super Bowl، و172 فوزًا، و14 موسمًا أساسيًا؛ من ست مشاركات Pro Bowl ؛ 58000 ياردة. 10 مرات ظهور في(Super Bowl MVP) وسجل 428 هبوطًا (ثلاث جوائز وألقاب في القسم أكثر من أي لاعب وسط قبله ـ بالإضافة إلى ألقاب في القسم أكثر من أي لاعب وسط قبله! ويمكنها الاستمرار في دفع الأرباح؛ ربما لا يزال أمام برادي عدة مواسم أمامه.

لذلك فمن المنطقي أن يكون المكتب الأمامي لباتريوت سعيدًا بالطريقة التي انتهت بها الأمور. ومع ذلك، فقد شعروا بالفزع الشديد من أنفسهم أيضًا، لأن قدرات برادي غير المتوقعة تعني أن تقاريرهم الاستكشافية قد أخطأت في الحساب وأساءت الحكم على جميع سماته غير الملموسة؛ ومع ذلك فقد سمحوا لهذه الجوهرة بالمرور حتى الجولة السادسة حيث كان من الممكن أن يلتقطه شخص آخر مبكرًا؛ علاوة على ذلك، لم يدركوا حتى أنهم كانوا على حق حتى أدت الإصابات إلى تهميش درو بليدسو وأجبرتهم على إدراك إمكاناته الحقيقية؛ عندها فقط أدركوا مدى روعة برادي حقًا!

وبينما أتى رهانهم بثماره، ركز الوطنيون على أي ثغرات أو إخفاقات استخباراتية قد تمنع حدوث ذلك في المقام الأول. لا يعني ذلك أنهم كانوا ببساطة يسعون إلى الكمال؛ وبدلاً من ذلك، ألزموا أنفسهم بمعايير أعلى للأداء.

احتفظ سكوت بيولي، مدير شؤون الموظفين في فريق باتريوتس، لسنوات عديدة بصورة على مكتبه تصور ديف ستاتشيلسكي ـ وهي الصورة التي قاموا بصياغتها في الجولة الخامسة ولكن لم ينجحوا في اجتياز المعسكر التدريبي ـ كتذكير: أنت لست عظيمًا مثلك. أنت تفكر ولم تفهم كل شيء؛ حافظ على تركيزك. كن افضل.

لقد أوضح المدرب جون وودن ذلك أيضًا: لم تكن لوحة النتائج مقياسًا للنجاح سواء لفريقه أو له شخصيًا، فقد تم تعريف الفوز بشكل مختلف. لم يكن بو جاكسون متحمسًا بشكل مفرط عندما ضرب الكرة في المنزل أو سجل هدفًا لأنه كان يعلم "أنه لم يفعل ذلك بشكل مثالي". (في الواقع، بعد أول هدف له في الدوري الرئيسي، "لم يطلب الكرة لأنها كانت بالنسبة له "مجرد كرة أرضية في المنتصف".)

يميل العظماء إلى رؤية الحياة من خلال هذه العدسة. ليس باعتبارها فشلًا في كل نجاح، ولكن بمعيار يتجاوز ما قد يعتبره المجتمع نجاحًا موضوعيًا. ولهذا السبب، لا يهتم الأفراد العظماء كثيرًا بما يعتقده الآخرون؛ ما يهمهم أكثر هو تلبية معاييرهم الخاصة التي غالبًا ما تتجاوز معايير أي شخص آخر.

رأى باتريوتس أن اختيار توم برادي كان محظوظًا أكثر من كونه ذكيًا ولم يكونوا على استعداد لنسب الفضل إلى أنفسهم في ذلك. في حين أنه لا يوجد فريق في اتحاد كرة القدم الأميركي لا يخلو من نصيبه العادل من الأنا، فبدلاً من الاحتفال أو تهنئة أنفسهم على ما حدث، وضعوا رؤوسهم للأسفل وركزوا على الطرق التي يمكنهم من خلالها التحسن. يمكن أن يكون التواضع قوة كبيرة على المستوى التنظيمي والشخصي والمهني.

هذه العملية ليست ممتعة بأي حال من الأحوال ـ في بعض الأحيان يمكن أن تشعر وكأنها تعذيب ذاتي ـ ولكنها تجبرك على المثابرة والمحاولة دائمًا بجهد أكبر من أجل إجراء التحسينات والوصول إلى الأهداف.

لا تستطيع الأنا أن تفهم كلا الجانبين من القضية، وبالتالي لا يمكنها إجراء تحسينات، وترى فقط التحقق الإيجابي ولا ترى من أين يمكن أن يأتي التحسين. "نادرًا ما يسمع الرجال المغرورون أي شيء سوى الثناء". كل ما تراه هو النجاحات. بغض النظر عن مدى زوالها، مما يجعل هذا السبب وراء العديد من الخيوط المؤقتة، ولكن نادرًا ما تكون تلك الخيوط الدائمة بين المهووسين بالغرور.

لقد أوضح وارن بافيت هذه النقطة عند مناقشة لوحات النتائج الداخلية والخارجية: إن قياس الذات مقابل إمكاناتهم ـ أي أفضل ما يمكنهم إنتاجه على الإطلاق ـ هو معيارك للنجاح. الفوز وحده لا يكفي؛ يمكن لأي شخص أن يفوز ولكن ليس كل شخص يحقق أقصى قدر من الإمكانات داخل نفسه.

صارم؟ ربما. ومع ذلك، فإن الصدق يعني أن تكون فخورًا وقويًا عند مواجهة الهزيمة أيضًا. بدون منظور يتمحور حول الأنا لإرشادهم، لن تكون آراء الآخرين أو العلامات الخارجية ذات أهمية كبيرة في تحديد نجاحك أو فشلك.

وقد يكون ذلك أكثر صعوبة، لكنه يصبح في نهاية المطاف صيغة قوية للمرونة.

كان لدى آدم سميث فكرة عن كيفية تقييم الحكماء والصالحين لأفعالهم:

في مناسبتين مختلفتين، نحاول تقييم سلوكنا بشكل محايد: أولاً عندما نفكر في التمثيل؛ والثانية بعد التمثيل. لسوء الحظ، قد تكون وجهات نظرنا في كثير من الأحيان متحيزة للغاية عندما ننظر إلى أنفسنا كما نريد أن ينظر إلينا مراقب موضوعي؛ ولكن على الأخص عند التفكير في الفعل الذي دفعه إليه العاطفة؛ ولكن بمجرد الانتهاء من الحدث وهدأت المشاعر، يمكننا استكشاف مشاعرهم بشكل أكثر موضوعية كما يفعل مراقب محايد.

إن "المتفرج اللامبالي" هو بمثابة دليل يمكننا من خلاله تقييم سلوكنا بدلاً من السعي للحصول على موافقة المجتمع. لكن هذا "المتفرج اللامبالي" لا يعمل ببساطة على الحكم عليك بناءً على التحقق على وحده.

تخيل أن كل الناس ـ السياسيين والمديرين التنفيذيين الأقوياء وغيرهم على حد سواء ـ الذين يبررون سلوكهم باعتباره "غير قانوني من الناحية الفنية". وربما تكون قد فعلت ذلك بنفسك؛ تحب غرورك استغلال المناطق الرمادية الأخلاقية مثل هذه. ومن خلال وضع معيار داخلي أو غير مبال (وهذا لا يهم)، يصبح الإفراط أو ارتكاب المخالفات أقل احتمالا. بعد كل شيء، لا ينبغي أن يكون الأمر حول ما يمكن أن يفلت من أيدينا؛ بل ينبغي أن يكون حول ما ينبغي أو لا ينبغي أن يحدث.

في البداية، قد يبدو هذا المسار صعبًا ولكنه في النهاية سيجعلنا أقل انشغالًا بأنفسنا وأقل أنانية. عندما يقيس الناس أنفسهم وفقا لمعاييرهم الخاصة بدلا من التصفيق كمقياس للنجاح، فإن جوعهم لتسليط الضوء يقل بشكل كبير؛ أولئك القادرون على التفكير على المدى الطويل هم أقل عرضة للشعور بالأسف على أنفسهم أثناء النكسات المؤقتة؛ في حين أن الأشخاص الذين يقدرون العمل الجماعي يميلون إلى مشاركة الائتمان بحرية أكبر ووضع المصالح الشخصية جانبًا عن طيب خاطر أكثر من معظم الآخرين.

إن التفكير فيما سار بشكل جيد أو مدى روعتنا لا يساعدنا في الوصول إلى أي مكان؛ كل ما يفعله هو أنه يتركنا حيث نحن الآن، والذي قد يكون أو لا يكون حيث نريد أن نكون. ما نريده هو المزيد، النمو والتحسين ـ لن يرضي أي شيء آخر.

يمكن للأنا أن تعترض طريقنا، لذا فإننا نستوعبها ونتغلب عليها من خلال وضع معايير أعلى من أي وقت مضى. لا يعني ذلك أننا نسعى إلى المزيد بدافع الجشع؛ وبدلاً من ذلك، فإننا نعمل على تحقيق تحسن حقيقي من خلال الانضباط بدلاً من التصرف.

الفصل 30: الحب دائمًا

!ليس هناك سبب يجعلنا نشعر بالغضب من العالم

!كما لو أن العالم سوف يلاحظ

في عام 1939، حصل أورسون ويلز على واحدة من أكثر الصفقات الرائدة في هوليوود: EURIPIDES - فرصة للتمثيل والكتابة والإخراج. يمكنه أن يفعل الثلاثة في عامين فقط!

"Mysterious" من قبله لإنتاج أفلام من اختيارهم لهم، وكان أول فيلم لهم بعنوان RKO Studios تم اختيار يروي قصة صاحب صحيفة مؤثر أصبح محاصرًا داخل إمبراطوريته الهائلة "Newspaper Baron" وأسلوب حياته.

يعتقد ويليام راندولف هيرست، قطب الإعلام المؤثر، أن هذا الفيلم يعتمد بشكل عدواني على حياته وأطلق حملة شاملة لإزالته - ونجحت في البداية.

الأمر المذهل في هذا الأمر ذو شقين. أولاً، من المحتمل أن هيرست لم يشاهد الفيلم مطلقًا؛ ولذلك ربما لم يكن لديه أي فكرة عن محتوياته؛ ثانيًا، لم يكن من الضروري تصميمه ليكون متعلقًا به - على الأقل حصريًا. تم إنشاء شخصية تشارلز فوستر كين باستخدام العديد من الشخصيات التاريخية مثل صامويل إنسول وروبرت ماكورميك كمصادر للإلهام. وبالمثل، فإن صورتين مماثلتين لتشارلي شابلن وألدوس هكسلي ألهمتا هذا الفيلم أيضًا؛ ولم يكن القصد منه شيطنتهم بدلاً من إضفاء طابع إنساني عليهم). ثالثًا، كان هيرست من أغنى الأشخاص الذين عاشوا في ذلك الوقت وكان على وشك نهاية حياته؛ لماذا يكرس الكثير من طاقته واهتمامه لشيء تافه مثل مشروع فيلم خيالي لمخرج لم يتم اختباره؟ رابعاً، حملته ضدها عززت إرثها وكشفت عمق طموحه في السيطرة والتلاعب. وعلى هذا النحو، عززت جهوده نفسه في التاريخ بقوة أكبر من أي ناقد.

وهكذا، تكمن مفارقة الكراهية والمرارة: فهي تحقق تقريبًا عكس هدفنا المقصود، والمعروف باسم تأثير سترايسند في لغة الإنترنت.
تصدرت باربرا سترايسند عناوين الأخبار لمحاولتها إزالة صور منزلها بشكل قانوني من الإنترنت؛ لقد جاءت جهودها بنتائج عكسية، حيث رأى عدد أكبر من الناس ذلك لو أنها تركته بمفردها.) غالبًا ما يؤدي الانخراط في سلوكيات مدمرة بدافع الحقد أو الفخر إلى الحفاظ عليها ونشرها بمرور الوقت.

لقد بذل هيرست جهودًا غير عادية لحماية سره. أرسل أحد كتاب الأعمدة الأكثر تأثيرًا في مجال القيل والقال، لويلا بارسونز، إلى الاستوديو للمشاهدة؛ بناءً على تعليقاتها، قرر أنه من صلاحياته منع نشر هذه المعلومات للعامة على الإطلاق. أصدر توجيهًا مفاده أن جميع صحف هيرست لن تذكر على الإطلاق أي فيلم من أفلام Welles) بما في ذلك فيلم Citizen Kane - الشركة التي تقف وراء فيلم RKO - لا يزال هذا الحظر قائمًا ويلز. "Citizen Kane" بعد أكثر من 10 سنوات). بدأت صحف هيرست في نشر قصص سلبية عن فيلم من خلال كتابة أعمدة RKO وحياته الخاصة. بالإضافة إلى ذلك، هدد هيرست كل عضو في مجلس إدارة ثرثرة تهددهم بالإضافة إلى توجيه التهديدات لتحويل رؤساء الاستوديو الآخرين ضد هذه الصورة. تم تقديم عرض بقيمة 800 ألف دولار للحصول على حقوق الفيلم حتى يمكن حرقه أو تدميره، مما أجبر معظم سلاسل المسارح على رفض عرضه وحظر الإعلانات عنه في عقارات هيرست. بدأ المتعاطفون مع هيرست

في الإبلاغ عن الادعاءات ضد ويليس إلى السلطات المختلفة. في النهاية، فتح مكتب التحقيقات الفيدرالي (FBI) 1941 بقيادة جيه إدغار هوفر ملفًا عنه في عام.

تحمل هيرست نفقات وجهدًا كبيرًا للحفاظ على سيطرته على فيلمه، والذي لم ينجح تجاريًا في النهاية واستغرق عدة سنوات قبل أن يجد مكانه في الثقافة. ولم يتمكن هيرست من منع انتشاره على نطاق واسع إلا من خلال مجهود هائل.

كل شخص لديه شيء يزعجه، وكلما أصبحنا أكثر نجاحًا أو قوة، كلما أدركنا أننا بحاجة إلى الحماية عندما يتعلق الأمر بالإرث والصورة والتأثير. لسوء الحظ، بدون إشراف مناسب، قد يؤدي هذا إلى إضاعة قدر لا يصدق من وقتنا في محاولة منع الآخرين من إهانتنا أو عدم احترامنا.

فكر للحظة في كل الوفيات والأضرار التي لا داعي لها والتي سببها على مر القرون رجال غاضبون أو نساء مظلومات لأسباب يصعب تذكرها في كثير من الأحيان. يجب أن يترك المرء يشعر بالذهول.

الحب هو الحل دائمًا عندما يهاجمك شخص ما أو يؤذيك بطريقة ما. يمتد الحب إلى الخارج ويظهر لنا التعاطف ـ تجاه جارنا الذي لا يرفض موسيقاهم؛ البيروقراطي الذي خذلنا؛ والدنا الذي خذلنا، فقد أوراقك؛ المجموعة التي ترفضنا أو المنتقدين الذين يهاجموننا ـ كل شخص يستحق الحب منا جميعًا! الشركاء السابقون الذين سرقوا فكرة عملك. الكلبات أو الغشاشين. حب.

"سوف تعود الكراهية دائمًا وتصيبك. الكراهية سوف تستهلكك".

على الرغم من أن طلب الحب قد يكون كثيرًا ردًا على الظلم الذي تعرض لك، إلا أنه يمكنك على الأقل محاولة ترك الأمر والضحك على ما حدث.

وإلا فإن العالم سيشهد مثالاً آخر لنمط مأساوي قديم: الأغنياء والأقوياء يصبحون منعزلين وموهمين عندما يحدث شيء يتعارض مع رغباتهم، وعندما يحدث شيء يتعارض مع رغباتهم يصبح مستهلكًا به وبدوافعهم. الذي ساعد في جعلهم عظماء يصبح أكبر نقاط ضعفهم. الإزعاج البسيط يصبح قرحة هائلة؛ يتفاقم حتى تظهر العدوى ـ مما يؤدي في النهاية إلى وفاته.

كانت صورة نيكسون الذاتية كمحارب عدواني يحارب عالمًا عدائيًا هي سبب تراجعه. كما كان يحيط نفسه بـ "الرجال الأقوياء" الآخرين. يميل الناس إلى نسيان إعادة انتخاب نيكسون بفارق كبير بعد فضيحة ووترغيت. لسوء الحظ، استمر سلوكه في تغذية القصة ـ فقد حارب واضطهد المراسلين وانتقد أي شخص شعر أنه يشك فيه ـ مما أدى إلى تغذية المزيد من الوقود لتغطيتها وأغرقه في النهاية. مثل كثيرين من قبله، أثبتت كراهيته وغضبه في النهاية أنه أكثر ضررًا لنفسه من أي شخص آخر. كونه واحداً من أقوى القادة في العالم لم يكن كافياً لتغييره.

ولم تعد العنصرية بحاجة إلى أن تكون على هذا النحو. يروي بوكر تي واشنطن حكاية لفريدريك دوغلاس حول مطالبته بالتحرك والجلوس في سيارة الأمتعة عند السفر بسبب عرقه على متن طائرة، مما دفع أحد أنصاره البيض إلى الإسراع إلى الاعتذار وتقديم تفسير لمثل هذه الإهانات ـ "أعتذر سيد دوغلاس عن هذه المعاملة المهينة!" قال الشخص.

لم يتقبل دوغلاس مثل هذه المحاولات لإهانته وأجاب بعنف شديد: "لا يمكن لأحد أن يحط من شأن فريدريك دوغلاس؛ روحي لا يمكن أن تتضرر من مثل هذه المعاملة؛ وبدلاً من ذلك فإن أولئك الذين يلحقونها هم الذين يتعرضون للإهانة بواسطتي.

قد يكون الحفاظ على مثل هذا الموقف أمرًا صعبًا للغاية. الكراهية أمر سهل؛ الضرب أمر غريزي.

ومع ذلك، فإن القادة العظماء مثل دوغلاس يبرزون من خلال عدم إدانة أولئك الذين يعارضونهم فحسب؛ بل يظهرون التعاطف تجاههم بدلاً من ذلك. فعلت باربرا جوردان ذلك في المؤتمر الوطني الديمقراطي عام 1992 عندما اقترحت أجندة "الحب. الحب. الحب". لقد فعل مارتن لوثر كينغ جونيور ذلك أيضًا عندما واجه الكراهية من بعض المجموعات التي واجهها طوال حياته.
في أبرز خطبه، بشر الدكتور كينغ بأن الكراهية كانت عبئًا وأن الحب هو التحرر، في حين أن الكراهية كانت منهكة. وذهبت إحدى عظاته الشهيرة إلى أبعد من ذلك: علينا أن نتعلم أن نحب أعداءنا من خلال النظر أولاً إلى داخلنا. يمكن للكراهية في أي وقت أن تؤدي إلى تآكل ما يهم في الحياة من خلال تآكل جوهرها ـ سواء كان جسديًا أو نفسيًا أو اجتماعيًا. الكراهية مثل الحمض الذي يزيل أفضل الأجزاء في أنفسنا حتى لا يتبقى سوى النفايات السامة".

الآن خذ دقيقة وقم بتقييم نفسك: ما الذي لا يعجبك، ومن تجده مثيرًا للاشمئزاز ويتردد اسمه في ذهنك، وما إذا كانت هذه المشاعر القوية قد خدمت أي غرض مفيد.

قم بإجراء تقييم أوسع. إلى أين قادت الكراهية والغضب أحداً؟

في أغلب الأحيان، فإن السمات أو السلوكيات التي تثير غضبنا تجاه الآخرين ـ مثل عدم الأمانة والأنانية والكسل ـ لا تنتهي بالخير بالنسبة لهم في النهاية؛ إن غرورهم وقصر نظرهم سيثبت في النهاية أنهما مكلفان.

في مرحلة ما يجب علينا أن نسأل أنفسنا ما إذا كنا سنصبح تعساء لمجرد أن الآخرين بائسون.

استجاب أورسون ويلز لحملة هيرست المتعددة العقود بنعمة مدهشة. وفقًا لروايته الخاصة، فقد التقى هيرست في مصعد في ليلة العرض الأول ـ وهو حدث بذل هيرست موارد هائلة لمحاولة تعطيله. دعا ويلز هيرست وقال مازحًا إن تشارلز فوستر كين كان سيقبل بالتأكيد. رفض هيرست. عندما واجه رد ويلز رفض أيضًا!

وقتًا طويلاً حتى يتعرف عليها الجمهور حول العالم. ومع Citizen Kane استغرقت عبقرية ويلز في فيلم ذلك، استمر ويلز في إنتاج أفلام ومشاريع أخرى بينما كان يعيش حياة مرضية وسعيدة. في النهاية حصل الفيلم على مكانته في طليعة تاريخ السينما من خلال عرضه في قلعة هيرست في حديقة سان سيميون الحكومية بعد ما يقرب من سبعين عامًا من العرض الأول.

لم تكن أحداث ويلز عادلة، لكنه على الأقل لم يسمح لها بتدمير حياته. أخبرت صديقة ويلز القديمة الجمهور في تأبينه أنه على الرغم من أن كل إهانة ضد ويلز جاءت من هيرست أو غير ذلك في هوليوود كانت ضارة، "إلا أنها لم تجعله يشعر بالمرارة أبدًا". وبعبارة أخرى، لم يصبح ويليس هيرست آخر.
لا يستطيع الجميع الاستجابة بهذه الطرق؛ في مراحل مختلفة من حياتنا، يبدو أننا جميعًا نمتلك قدرات مختلفة على المسامحة والتفاهم؛ حتى عندما يتمكن البعض من الاستمرار في عيش حياتهم دون أن يحملوا معهم ضغائن غير ضرورية. هل تتذكر أن كيرك هاميت أصبح عازف الجيتار في فريق Metallicaلإفساح؟

حيث تركهم زميلهم السابق في الفرقة Megadeth المجال له، كان عليهم إزالة ديف موستين الذي قام بتشكيل أيضًا. حتى في نجاحه الأكثر بروزًا، كان غاضبًا من الطريقة التي عومل بها خلال تلك السنوات العديدة السابقة. لقد دفعه إلى الإدمان وكان من الممكن أن يكون قاتلاً لرفاهيته. لقد مرت 18 عامًا قبل أن يتمكن حتى من البدء في فهم ما حدث، قائلاً إنه لا يزال يشعر وكأنه بالأمس قد تعرض للأذى والرفض. إن الاستماع إليه وهو يروي قصته قد يجعلك تعتقد أنه انتهى به الأمر إلى العيش تحت جسر بينما في الواقع باع نجم الروك هذا ملايين التسجيلات وأنتج موسيقى رائعة خلال حياته المهنية الطويلة.

لقد عانينا جميعًا من الألم الذي لاذع مثل هذا ـ وهو شعور يردد في كلماته على أنه "ابتسامة سوداء". إن الهوس بشيء فعله شخص ما أو كيف ينبغي أن تكون الأمور، بغض النظر عن مدى الألم هو تعبير عن الأنا؛ ربما يكون الجميع قد تجاوزوا الأمر ولكنك لا تزال غير قادر على ذلك لأن عالمك يدور حولك فقط ولا يمكنك قبول احتمالية قيام شخص ما بإيذائك (سواء كان ذلك عن عمد أم لا)، مما يقودك إلى طريق قبيح نحو الكراهية والانتقام.

الفشل أو الشدائد يجعل من السهل الكراهية. الكراهية تحوّل اللوم إلى الآخرين؛ نحن لا ننجز الكثير عندما تكون عقولنا منشغلة بالسعي للانتقام والتحقيق في الأخطاء المفترضة ضدنا.

هل هذا يجعلنا أقرب إلى المكان الذي نريد أن نكون فيه؟ لا، بل إنه يبقينا عالقين حيث نحن، أو الأسوأ من ذلك أنه يوقف أي تطور تمامًا. وبالنسبة لأولئك الناجحين بالفعل (كما كان هيرست)، فإن مثل هذا السلوك قد يلطخ تراثنا ويقلل من سنواتنا الذهبية.

الحب قاب قوسين أو أدنى. غير أناني، ومنفتح، وإيجابي، وضعيف، وسلمي، ومنتج، كل ذلك في شخص واحد.

لكل تحد جديد في المستقبل

لا يوجد رجل يحب العمل؛ لكن ما أقدره في العمل هو قدرته على اكتشاف الذات.

تحتوي السيرة الذاتية الملحمية التي كتبها ويليام مانشيستر عن وينستون تشرشل على مجلد متوسط بعنوان "وحده" يستكشف نضال تشرشل لمدة ثماني سنوات ضد أقرانه قصيري النظر والتهديدات الفاشية المتزايدة من داخل الدول الغربية.

لكنه في نهاية المطاف انتصر مرة أخرى وتغلب على كل المحن ليصبح مبررا مرة أخرى.

قامت كاثرين جراهام برحلة شاقة عندما سيطرت بمفردها على إمبراطورية الصحف الخاصة بعائلتها، في حين لا بد أن دونالد جراهام شعر بالمثل عندما سعى للحفاظ عليها خلال تراجعها الدراماتيكي في منتصف العقد الأول من القرن الحادي والعشرين. لكن كلاهما نجحا. أنت أيضا يمكن أن تفعل الشيء نفسه!

لا يوجد مفر من ذلك: سنواجه صعوبة ونختبر الفشل. لاحظ بنجامين فرانكلين أن أولئك الذين يشربون حتى القاع يجب أن يتوقعوا بعض الثمالة غير السارة في مرحلة ما خلال حياتهم.

ولكن ربما لم تكن تلك الثمالة فظيعة بعد كل شيء؟ وأشار هارولد جينين إلى أن "الناس يتعلمون من إخفاقاتهم أكثر من النجاحات؛ ولهذا السبب يقول لنا المثل السلتي القديم: "انظر كثيرًا، وادرس كثيرًا، وعاني كثيرًا ـ هذا هو الطريق إلى الحكمة!"

يمكن أن يكون وضعك الحالي، بل وينبغي، أن يكون مثل هذا المسار.

الحكمة أم الجهل؟ غالبًا ما تكون الأنا هي العامل الحاسم.

الطموح يؤدي إلى النجاح (والشدائد). النجاح يخلق نكساته الخاصة (نأمل أن يلهم طموحات جديدة)، مما يؤدي حتماً إلى المزيد من الطموح والمزيد من النجاح ـ مما يخلق دورة لا نهاية لها.

نحن جميعًا نعيش في سلسلة متصلة، ونتخذ مواقف مختلفة على طول مسارها طوال حياتنا. ولكن عندما يحدث الفشل، يكون الألم غير قابل للإصلاح بغض النظر عما سيأتي بعد ذلك بالنسبة لنا، يبقى شيء واحد ثابتًا ـ الأنا. يمكن للأنا أن تجعل أي خطوة صعبة، ولكن الفشل في تلك الخطوة التي ستتركها دائمًا في أعقابها ما لم نتعلم من أخطاء الماضي ونستغل هذه اللحظة كفرصة لفهم أنفسنا وأنفسنا بشكل أفضل، فإن الأنا ستسعى لتحقيق ذلك بكل قوتها.

واجه جميع الرجال والنساء العظماء عقبات في طريقهم إلى العظمة؛ جميعهم ارتكبوا أخطاء على طول الطريق. ومن هذه التجارب جاءت بعض الفوائد؛ حتى لو كان مجرد إدراك أنهم لم يكونوا لا يقهرون وأن الأمور لن تسير دائمًا كما يريدون. أصبح الوعي الذاتي أمرًا أساسيًا، فبدونه لم يكن من الممكن أن يتحسنوا كأفراد أو أن يكونوا قادرين على التغلب على أي تحديات لاحقًا.

ولذلك، فإننا نستخدم شعارهم كدليل لنا حتى نتمكن من التنقل في الحياة بنجاح في كل مرحلة. على الرغم من أنها بسيطة (وإن لم تكن واضحة أبدًا!).

لا تسعى أبدًا إلى أي شيء لتحقيق مكاسب شخصية.

الهدف: النجاح بدون أنانية.

كيفية التعامل مع الفشل بشجاعة بدلا من الفخر.

الفصل 32: الخاتمة

حياتنا منخرطة في حرب أهلية داخلية. هناك نوع من لعبة شد الحبل بين جزأين متميزين من أنفسنا موجودين داخل روح كل شخص ـ الجنوب مقابل الشمال؛ صراع مستمر يؤثر على كل جانب من جوانب الحياة نفسها.

‎--مارتن لوثر كينغ جونيور.
تهانينا على تحقيق ذلك من خلال كتابي! كنت أخشى أن البعض قد لا يفعل ذلك، بما فيهم أنا؛ لجميع المقاصد والأغراض لم أكن متأكدًا مما إذا كنت سأتمكن من ذلك أم لا. ولكن ها نحن هنا؛ لقد فعلها بعض الناس! لم أكن متأكدًا حتى من أنني أستطيع ذلك.

كيف تشعر حاليا؟ هل أنت مرهق أو منهك أو متحرر؟

ليس بالأمر السهل، مواجهة غرور المرء وجهاً لوجه؛ أولا قبول وجوده؛ ومن ثم إخضاعه للفحص والنقد الشديد. لا يستطيع معظمنا أن يتحمل الفحص الذاتي غير المريح ويجد الراحة في مكان آخر ـ غالبًا ما يمكن العثور على بعض إنجازات البشرية المذهلة مخبأة داخل أولئك الذين يريدون تجنب مواجهة ظلام الأنا الداخلي.

وبوصولك إلى هذه المرحلة، تكون قد خطوت بالفعل خطوات كبيرة نحو مكافحتها. وبطبيعة الحال، لا يزال هناك الكثير مما يتعين القيام به، ولكن على الأقل لقد قمتم ببداية مثيرة للإعجاب.

ذات مرة زودني صديقي دانييل بوليلي، الفيلسوف المؤثر والفنان القتالي، باستعارة مفيدة: التدريب كان مثل كنس الأرض؛ بمجرد الانتهاء من ذلك، لن يبقي الغبار بعيدًا إلى الأبد ويجب القيام به يوميًا حتى تظل نظيفًا.

قضايا مماثلة تؤثر على غرورنا. وستندهش عندما ترى نوع الضرر الذي يمكن أن يحدثه الغبار والأوساخ مع مرور الوقت؛ ويصبح تراكمه خارج نطاق السيطرة تقريبًا بسرعة.

كان دوف تشارني في حالة ذهول بعد أن طردته شركة أمريكان أباريل، واتصل بي في الساعة الثالثة صباحًا. لقد شعر بالمسؤولية الكاملة ونفى كل المسؤولية عن وضعه. عندما سألته عن خططه ـ ما إذا كان سيتبع خطى ستيف جوبز ويؤسس شركة أخرى أم لا ـ صمت، وقال لي بصدق كبير: "أنا، كل هذا سينجح توفي ستيف جوبز. أتذكر أنني شعرت، في تلك الساعات الأخيرة التي تحدثنا فيها معًا، كيف كان هذا الفشل بمثابة الموت بالنسبة له. وفي الأشهر اللاحقة، شاهدت برعب أفعاله التي دمرت كل ما كان يعمل على بنائه في شركة أبل.

لن أنسى هذه الذكرى الحزينة أبدًا، وستبقى جزءًا مني إلى الأبد.

ومع ذلك أستطيع أن أفعل أي شيء بفضل الله. يمكن أن يشمل ذلك أي واحد منا.

النجاح والفشل يأتي بطرق مختلفة للجميع. بينما كنت أكافح من أجل كتابة هذا الكتاب، مررت بأربع مسودات لمقترحه بصعوبة لكنني رفضت والعديد من مسودات مخطوطته. في المشاريع السابقة، كما هو الحال عندما

كان العمل مع شخص آخر قد يحطمني؛ ربما كنت سأستقيل، أو أعمل مع فريق آخر، أو أتمسك بموقفي حتى يتم اتخاذ طريقي وإتلاف الكتاب بشكل لا يمكن إصلاحه بطريقة ما.

وفي مرحلة ما خلال عمليتي، اكتشفت جهازًا علاجيًا. بعد الانتهاء من كل مسودة، كنت أقوم بتمزيق كل صفحة وإطعامها إلى كومة السماد الدودي في المرآب الخاص بي ـ مما جعل الصفحات المؤلمة تتحول إلى تراب يغذي حديقتي حيث يمكنني المشي حافي القدمين دون ألم ـ مما يوفر اتصالًا فوريًا بعالم هائل الذي سيطالبني في النهاية عندما يحين وقتي وتمزقني الطبيعة. لقد ساعدني ذلك في تذكيري بأن كل هذا سيحدث معي أيضًا ذات يوم عندما يحين دوري للموت وستفعل الطبيعة ما تشاء بي عندما تنتهي حياتي وتقرر الطبيعة أن ذلك سيحدث أيضًا حينها.

واحدة من الأفكار الأكثر تحررًا بالنسبة لي جاءت عند الكتابة والتفكير في الأفكار في هذه الصفحات التي قرأتها للتو. أدركت كم هو وهم مدمر فكرة أن حياتنا يجب أن تكون "آثارًا عظيمة" تصمد أمام اختبار الزمن. أي شخص طموح يعرف هذا الشعور: أنه يجب عليه إنجاز أشياء عظيمة ليصبح مساهمين جديرين؛ إذا لم يكن الأمر كذلك، فقد يعتبرون أنفسهم أيضًا فاشلين لا قيمة لهم وليس لديهم فرصة للخلاص في هذه الحياة؛ في نهاية المطاف، يمكن أن يكون هناك قدر كبير من الضغط الذي يُمارس بحيث يقع المرء في النهاية تحت ضغطه أو يصبح هو نفسه ضحية له.

وبطبيعة الحال، هذا ليس دقيقا. كل شخص يمتلك إمكانات هائلة بداخله؛ كلنا نمتلك أهدافًا وإنجازات نعلم أننا نستطيع الوصول إليها؛ سواء كان ذلك يعني تأسيس شركة، أو إنهاء الأعمال الإبداعية، أو مطاردة البطولات، أو أن تصبح قائدًا في مجال تخصصك ـ فهذه أهداف تستحق العمل الجاد لتحقيقها. لا يستطيع الشخص المكسور الوصول إليهم.

تنشأ المشاكل عندما تعترض غرورنا الطريق، مما يعرض للخطر هذه المساعي ويقوض هدفنا الذي نهدف إلى تحقيقه. همس الأكاذيب عندما نبدأ الرحلة؛ والأسوأ من ذلك، عندما ننجح يمكن أن تكون الأنا مثل أي مخدر: يتم الانغماس بها أولاً للحصول على ميزة أو للتخفيف من جريمة ما؛ لكنه في النهاية يصبح غاية في حد ذاته، ويترك المرء مكشوفًا في لحظات سريالية مثل تلك التي يواجهها أثناء التحدث مع دوف على الهاتف، أو تلك الموصوفة في القصص التحذيرية في هذا الكتاب.

لقد أظهرت لي تجارب عملي وحياتي أن معظم تداعيات الأنا ليست دراماتيكية إلى هذا الحد؛ أولئك الذين يستسلمون لغرورهم في حياتك لن "ينالوا دائمًا ما يستحقونه"، كما تعلمنا عندما كنا أطفالًا. لسوء الحظ، الأمر ليس بهذه البساطة.

وبدلاً من ذلك، كتابي المفضل ما الذي يجعل سامي يهرب؟ بقلم بود شولبيرج يتبع عن كثب نهاية إحدى شخصياته الشهيرة؛ تم تصوير صموئيل جولدوين وديفيد أو. سيلزنيك من الحياة الواقعية. في نهاية المطاف، في هذه الحكاية التي تدور أحداثها في هوليوود، يتم استدعاء بطل الرواية لزيارة أحد الأقطاب القاسية بعد متابعة صعودهم السريع ـ في البداية معجب بهم ولكن سرعان ما يصبح محبطًا منهم جميعًا.

في هذا المنعطف الحاسم، يكتسب الراوي نظرة ثاقبة لحياة هذا الرجل ـ من زواجه الوحيد، وانعدام الأمن المخيف، وعدم القدرة على الراحة ولو للحظة واحدة. إنه يدرك أن أي أمل في الانتقام من جميع القواعد المكسورة والوسائل غير العادلة المستخدمة للمضي قدمًا لم يكن قادمًا. في الواقع لقد بدأت بالفعل بمجرد أن كتب.

وبما أنني كنت أتوقع حدوث شيء حاسم ومميت، فإن ما كان يحدث بالفعل كان أكثر تدريجيًا. لقد أصيب بنوع من المرض أثناء الوباء الذي اجتاح مسقط رأسه مثل الطاعون؛ مرض يأكله ببطء مع أعراض تطورت واشتدت: النجاح والوحدة والخوف ـ الخوف من كل الشباب الأذكياء الذين يأتون في طريقه ويحاولون مضايقته أو حتى تهديده، وفي النهاية تغلبوا عليه تمامًا.

تتجلى الأنا في أشكال عديدة؛ ألسنا خائفين من أن نصبح مثل ذلك؟

أخيرًا، اسمحوا لي أن أكشف عن شيء واحد آمل أن يعيد كل شيء إلى دائرة كاملة. عندما كنت في التاسعة عشرة من عمري، تم تخصيص هذا المقطع للقراءة من قبل مرشد حقق نجاحًا مبكرًا في مجال الترفيه؛ مثله تمامًا، كان هذا الكتاب مؤثرًا وغنيًا بالمعلومات بالنسبة لي كما أراد ذلك. ومع ذلك، على مدى السنوات التالية، وجدت نفسي في وضع مماثل تقريبًا لتلك التي تم تصويرها في الكتاب: لم يتم استدعائي ببساطة إلى منزلهم الريفي الفاخر لأشهد شخصًا أعجبت به وهو يعاني من انهياره الذي لا مفر منه؛ بل سرعان ما وجدت نفسي على وشك تحقيق حلمي أيضًا.

كدليل، عندما راجعت نسختي الأصلية لكتابة هذا المقطع لهذه الخاتمة، اكتشفت صفحات مغطاة بردّي المكتوب بخط اليد على كلمات شولبيرج فكريًا وعاطفيًا ـ ومع ذلك قمت باختيارات قادتني إلى طريق غير إضروري. في ذلك الوقت اعتقدت أن عملية مسح واحدة كافية

وبعد مرور عشر سنوات على قراءتي لأول مرة وتسجيل أفكاري حول هذا الموضوع، تردد صدى تلك الدروس مرة أخرى بالطريقة التي ينبغي أن تكون بها تمامًا.

ذات يوم قال بسمارك عبارته الشهيرة إن أي أحمق يستطيع أن يتعلم من التجربة؛ المفتاح يكمن في التعلم من تجارب الآخرين. بينما شرعت في فحص الأنا، تحول هذا الكتاب إلى شيء أكثر قتامة؛ لقد اصطدمت غروري وكذلك غرور أولئك الذين كنت أتطلع إليهم لفترة طويلة ببعضهم ببعضهم البعض ـ مما أثار صدمتي ودهشتي!

الخبرة غالبا ما تكون ضرورية عند تعلم معلومات جديدة؛ وكما قال بلوتارخ، فإننا نكتسب المعرفة من خلال الخبرة وليس من خلال الكلمات وحدها.

على أي حال، أود أن أختتم هذا الكتاب بالفكرة التي أرشدت كل ما قرأته للتو: من المثير للإعجاب أن نسعى جاهدين لنصبح رجال أعمال أو سيدات أعمال أو رياضيين أو فاتحين أو فاتحين أفضل؛ يجب علينا أن نسعى جاهدين من أجل تعليم أفضل، وأمن مالي، وأشياء عظيمة، كما كتبت عدة مرات من قبل في هذا الكتاب. على المستوى الشخصي، هذا شيء أسعى من أجله بنفسي كل يوم.

إن الأداء الأفضل كأشخاص ليس أقل إثارة للإعجاب؛ إن كونك أشخاصًا أكثر سعادة، وأشخاصًا متوازنين، وأشخاصًا راضين، وأفرادًا متواضعين وغير أنانيين، كلها إنجازات رائعة غالبًا ما تعتبر أمرًا مفروغًا منه. الأمر الأكثر وضوحًا والذي غالبًا ما يتم تجاهله هو أن تحسين حياتنا الشخصية يؤدي مباشرة إلى النجاح على المستوى المهني؛ في كثير من الأحيان، يكمن هذا المسار في الاتجاه المعاكس ـ فتنقية الأفكار المعتادة وكبح جماح الدوافع التدميرية ليس مجرد واجب أخلاقي على أي فرد محترم؛ إن القيام بهذه الأشياء يجعلنا أكثر نجاحا؛ إنها تسمح لنا بالتنقل عبر مياه الطموح الغادرة بأمان بينما نكافئ الجميع بشروطها الخاصة

أنت هنا في نهاية هذا الكتاب عن الأنا، بعد أن اطلعت على أكبر قدر من المعلومات حول مشكلاتها من تجارب الآخرين وتجاربي. والآن أصبح اختيارك: ماذا ستفعل بكل هذه المعرفة، ليس فقط على الفور ولكن في السنوات المقبلة أيضًا؟

كل يوم طوال حياتك سوف تمر بواحدة من ثلاث مراحل: الطموح أو النجاح أو الفشل. في كل نقطة ستواجه معارك مع نفسك بينما ترتكب الأخطاء على طول الطريق.

إكل دقيقة وكل يوم، قم بمسح الأرض حتى يتم جمع كل الأوساخ ـ ثم قم بالكنس مرة أخرى

النهاية